全程生涯教育
实务手册

主　编	邱孝述	帅培清	
副主编	杜　平	龚国桥	
编　者	鞠小洪	蒲虹宇	严　焕
	王若璞	杨晓妮	刘文玲
	罗　杨	曾雪懿	王　钦
	吴　燕	邱建华	梁　梅
	姚晓兰	曹　艳	肖雨欣
	刘俊利	严太国	冯　凌
	刘静洵	皮　维	李亚婷
	刘顺琴	李桂莲	张　莉
	周文凭	钟安茂	陈发琼
	陈广和	贺树生	

重庆大学出版社

图书在版编目（CIP）数据

全程生涯教育实务手册/邱孝述，帅培清主编.--
重庆：重庆大学出版社，2018.1（2022.8重印）
（全程生涯教育丛书）
ISBN 978-7-5689-0290-8

Ⅰ.①全…　Ⅱ.①邱…②帅…　Ⅲ.①职业选择—中
等专业学校—教材　Ⅳ.①G717.38

中国版本图书馆CIP数据核字（2016）第279331号

全程生涯教育实务手册

主　编　邱孝述　帅培清
副主编　杜　平　龚国桥

责任编辑：陈一柳
责任校对：贾　梅
版式设计：张　晗
责任印制：赵　晟

重庆大学出版社出版发行
出版人　饶帮华
社址：（401331）重庆市沙坪坝区大学城西路21号
网址：http://www.cqup.com.cn
印刷：重庆市正前方彩色印刷有限公司印刷

开本：720mm×960mm　1/16　印张：8.75　字数：117千
2018年1月第1版　2022年8月第2次印刷
ISBN 978-7-5689-0290-8
定价：29.00元

张小平　　重庆市女子职业高级中学

艾雄伟　　重庆市綦江职业教育中心

陈　岚　　重庆市女子职业高级中学

秦宗愚　　重庆市忠县职业教育中心

黄　琦　　重庆市女子职业高级中学

何木全　　重庆市医药学校

夏子文　　重庆市女子职业高级中学

梁　宏　　重庆市轻工业学校

舒　平　　重庆市女子职业高级中学

杨宗武　　重庆工商学校

陈良彬　　重庆市垫江县职业教育中心

序

一个新时代正向我们走来，或者说，我们正走向一个新时代。

职业教育，应该怎样走向这一新时代，又应该如何走进这一新时代呢？

我以为，面对这一命题，我们只有脚踏实地，努力为广大学生实现人生出彩搭建舞台，形成人人渴望成才、人人努力成才、人人皆可成才、人人尽展其才的良好局面，才能完成习近平总书记在十九大报告中所指出的那样，"中华民族伟大复兴的中国梦终将在一代代青年的接力奋斗中变为现实。"

而要让每一个生命都绽放光彩，这是一件很不容易的事。世界上没有适合每个人的人生时间表，也不存在每个人都应该追随的热门职业，每个人都有自己成长的速度和方向。如何让他们成长为自己满意的样子，让每个人的生命都可能出彩，将这个理念放在教育中，就是职业生涯规划教育。

所以，当重庆市女子职业高级中学邱校长找我为《全程生涯教育实务手册》写序时，我慨然应允。我觉得，这是一本让教育温度落地的书。书中每一个主题都从"生涯常识"出发，对每一个"生涯活动"都做了精心的设计，还有让学生自主发挥的"生涯之旅"，尤其是主题后面的"资源共享"，包含了大量的网络资源和最前沿的书单推荐，内容极其丰富。全书后面还附有重庆市首届职业生涯教育教学决赛视频，供老师参考。因此，本书是一本职业学校师生真真正正的工作学习手册和工具书。我希望，更多的学生能通过这本书受到触动，参照书中的各个条目去设计自己未来的发展之路，走上让生命出彩的舞台，成长为自己满意的样子。若如此，则幸甚之至。

最后，诚挚希望各位读者能对该书提出修改意见或建议，你们的不吝赐教，将是对重庆市女子职业高级中学坚持做职业生涯教育的最大鼓励，也是该校不忘初心，继续前行的巨大动力。

胡斌

2017 年 6 月

前言

　　《全程生涯教育实务手册》是"全程生涯教育丛书"中之一。本书从探索职业、认识自我、明确目标、策划行动、培养习惯以及巧用工具等方面细化了生涯有关的内容。本书共有 16 个主题，每个主题都附有共享资源和精彩课案，是职业学校师生工作、学习的手册和工具书。

　　本书在出版前，有许多师生进行了试读，他们对本书的实用性给予了高度评价。同时，针对本书的问题提出了客观、有效的改进建议和意见。

　　在对试读者反映的问题、意见进行充分研究的基础上，结合就业现状调研的结果，我们对《全程生涯教育实务手册》进行了修改和完善，目的是使本书更加符合读者的实际需求，真正做到"拿来即用"。

　　在本书的编写过程中，帅培清、王钦、吴燕负责文字资料的收集和整理；鞠小洪、梁梅、冯凌负责图表的编排。鞠小洪参与编写了本书的主题 1 和工具集锦（一）；蒲虹宇参与编写了本书的主题 2；严焕参与编写了本书的主题 3；王若璞参与编写了本书的主题 4；杨晓妮参与编写了本书的主题 5；刘文玲参与编写了本书的主题 6；罗杨参与编写了本书的主题 7；曾雪懿参与编写了本书的主题 8；王钦参与编写了本书的主题 9；吴燕参与编写了本书的主题 10；邱建华参与编写了本书的主题 11；梁梅参与编写了本书的主题 12；姚晓兰参与编写了本书的主题 13；曹艳参与编写了本书的主题 14；肖雨欣参与编写了本书的主题 15；刘俊利参与编写了本书的主题 16；严太国参与编写了本书的习惯养成（一）；冯凌参与编写了本书的习惯养成（二）；刘静洵参与编写了本书的工具集锦（二）；皮维参与编写了本书的习惯养成（三）。主题 1 的课件分别由重庆市旅游学校的李燏和重庆机械电子高级技工学校的赵玉荣、余莲芬、陈莉以及重庆市云阳教师进修学院的程林玲、王延红、江雁冰提供；主题 2 的课件分别由重庆市女子职业高级中学的肖雨欣、鞠小洪、罗杨和重庆市涪陵区职业教育中心的宋慧提供；主题 3 的课件由重庆市黔江区民族职业教育中心的谢敏、姚婷、赵扬提供；主题 4 的课件分别由重庆市龙门浩职业中学校的曹艳和重庆市工贸高级技工学校的黄晓欢、魏谦、任福建提供；主题 5 的课件分别由重庆市九龙坡职业教育中心的傅钰涵、陈惠、陈玲和重庆市巫山职业教育中心的谭晓玲、陈凤新、王燕提供；主题 6 的课件由重庆市光华女子职业中等专业学校的曾佑羚提供；主题 7 的课件由重庆市酉阳职业教育中心的张晗提供；主题 8 的课件分别由重庆市北碚职业教育中心的刘波和重庆市渝西卫生学校的陈娜提供；主题 9 的课件由重庆工商学校的周文凭、谢增伦、李萍提供；主题 10 的课件由重庆市大足职业教育中心的彭小梅、钟仕娟、曾德才提供；主题 11 的课件由重庆医科学校的钟安茂、韩天、王夏提供；主题 12 的课件由重庆市行知职业技术学校的冯丽、白晓丽、胡桢美提供；主题 13 的课件分别由重庆市巴南职业教育中心的高俊杰、刘毅、游义兰和重庆市梁平职业教育中心的王佳欣、韩晓兰提供；主题 14 的课件由重庆市綦江职业教育中心的陈发琼、叶小兵提供；主题 15 的课件分别由"中职生全程职业生涯教育研究"课题组的姚晓兰、梁梅、王钦和重庆财政学校的周裕梅、罗仁家、肖伟以及重庆市医药学校的许成瑶提供；主题 16 的课件由重庆市铜梁职业教育中心的莫啟贵、张伟、汪涛提供。

参与本书编写的还有《河南教育》（职成教版）编辑部的李亚婷，重庆市三峡水利电力学校的刘顺琴，重庆市轻工业学校的李桂莲，重庆市商务高级技工学校的张莉，重庆工商学校的周文凭，重庆市医科学校的钟安茂，重庆市綦江职业教育中心的陈发琼，重庆市忠县职业教育中心的陈广和，重庆市垫江县职业教育中心的贺树生。

全书由邱孝述、帅培清统撰定稿。特别感谢重庆市教委职成教处处长胡斌为本书作序。

编　者

2017 年 6 月

理想中的我

签名：_____

日期：_____

目 录

第一单元　探索职业

主题 1　了解行业　　　_2

主题 2　认识职业　　　_8

主题 3　认知专业　　　_15

主题 4　深入企业　　　_19

主题 5　体验岗位　　　_25

第二单元　认识自我

主题 6　职业兴趣　　　_32

主题 7　特质与性格　　_39

主题 8　智能与技能　　_45

主题 9　职业价值观　　_52

第三单元　明确目标

主题 10　确立目标　　　_60

主题 11　目标管理　　　_65

主题 12　学习榜样　　　_70

第四单元　策划行动

主题 13　行动方案　　　_76

主题 14　自我提升　　　_80

主题 15　职场准备　　　_84

主题 16　就业创业　　　_88

第五单元　培养习惯

习惯养成（一）　　　_94

习惯养成（二）　　　_98

第六单元　巧用工具

工具集锦（一）　　　_106

工具集锦（二）　　　_110

工具集锦（三）　　　_121

附录　　　　　　　　_126

第一单元

探索职业

　　我国的职业有两千多种，如何在茫茫职海中找到自己想要的职业？首先，我们要了解有哪些职业；其次，要进行职业定位。行业、企业与职能三者共同决定职业的定位，那么行业、企业、职能与职业之间有什么关系呢？

　　让我们一起来探索职业世界吧。

主题 1　了解行业

1. 什么是行业

　　行业，一般是指按生产同类产品或具有相同工艺过程，或提供同类劳动服务划分的经济活动类别，如金融行业、教育行业、IT 行业、餐饮服务行业等。行业是为了满足大众社会生活的需求而形成的，具有提供相同性质产品或服务的单位构成的群体总和。例如，教育行业是为了满足人们对知识的学习和传播的需求，金融行业是为了满足人们对金融活动的需求。

　　个人的职业发展与行业发展是紧密联系的，行业的发展能促进个人的职业发展。例如，智能手机行业的兴起引爆了移动设备行业近年来的爆发式增长，也带动了软件设计者和硬件工程师的职业发展。

2. 行业的生命周期

　　同自然界的生命一样，行业也有自己的生命周期。行业的生命周期是指行业从出现到完全退出社会经济活动所经历的时间。行业的生命周期主要包括四个发展阶段：曙光期、朝阳期、成熟期和夕阳期。

（1）曙光期

在行业的曙光期，市场似乎突然爆发出了对产品的很多需求，很多企业如雨后春笋般纷纷出现，但在经过一段时间之后，部分企业不断亏损，纷纷倒闭。这个时期，产品的市场需求看起来很大，但是对于人才的需求却处于刚刚起步的阶段，如2015年的3D打印、智能家居等行业基本处于这个时期。

（2）朝阳期

在经过了曙光期的竞争和洗牌，少数企业存活了下来，摸索到比较成熟的商业模式，开始带动行业进入朝阳期，整个行业逐渐进入快速的发展时期。这个时期，人才需求非常旺盛，有很多从业的机会。例如，现在的智能手机、互联网金融、在线教育、环保、健康医疗等行业都处于这个时期。

（3）成熟期

经过若干年的发展后，行业进入到相对稳定的成熟期。这个时期，产品的市场需求保持相对稳定，人才的需求也相对稳定。有些企业的成熟期很长，如饮料、洗发水等消费品行业；有些企业的成熟期较短，如传呼机、DVD机等电子产品行业。

（4）夕阳期

每个行业经过一段时间的发展，都会进入到衰退期。这个时期市场的需求量开始下降，而人才的需求量则先于产品的需求量下降。很多行业在衰退之前就出现了利润下滑、大量裁员的迹象。这时候，基本可以判断行业即将进入夕阳期。这种情况是由于本行业的产品被更新、更便宜的产品取代而产生，如数码相机的发展导致胶卷行业的衰退，在线媒体的兴起让传统媒体进入到夕阳期。

处于夕阳期行业中的企业和人才也不是完全没有机会，他们可以通过整合资源或转型等方式获得二次成长的机会，如传统制造业可以将自身优势与互联网结合，推动行业的二次发展。

3. 行业分类目录

《财富中国》根据发达国家对行业的界定和行业的演变规则，对中国的行业进行新分类，分为下列 24 大类：

机构组织	农林牧渔	医药卫生	建筑建材	冶金矿产	石油化工
水利水电	交通运输	信息产业	机械机电	轻工食品	服装纺织
专业服务	安全防护	环保绿化	旅游休闲	办公文教	电子电工
玩具礼品	家居用品	物资专材	包装用品	体育用品	办公家具

生涯活动

1. 活动主题

了解行业

2. 活动形式

信息收集

可以进行职业访谈和社会实践，还可以参加职业论坛哦！

小贴士

信息收集

①首先了解这个行业里的领导企业。了解一个行业中领导企业的发展，可以从这家企业的性质、主要业务、主要客户、企业规模、员工人才结构、战略方向着手，了解这个企业在国内外最主要的竞争对手是谁？企业中有哪些岗位

是可以与自己未来的职业相关？企业的公司主要分布在哪些城市？

②通读行业分析报告。行业趋势的最佳来源是麦肯锡之类的管理咨询公司做的行业分析、公布的研究报告以及经济学家的行业分析。通过这些分析报告，可以把握住这个行业的脉搏和未来发展趋势。

③读一本关于这个行业的综述性书籍。例如，对于保险行业，可以阅读《风险管理与保险》，一方面可以深入地理解这个行业的商业模式和惯例；另一方面可以掌握一些"行话"。

3. 活动提纲

1	确认自己所学专业对应的行业	**3**	形成行业探索作品（用思维导图（见"工具集锦（二）"）、PPT、画报等形式呈现）
2	搜索以下内容并画出思维导图	**4**	作品展示

- ★ 该行业是做什么的？
- ★ 该行业处于生命周期的哪个阶段？
- ★ 该行业的发展趋势、发展前景以及人才需求如何？
- ★ 该行业有哪些细分领域？
- ★ 该行业在国内外有哪些知名企业？
- ★ 该行业中有哪些名人？
- ★ 该行业喜欢什么样的人才？

手机、A4 纸、彩笔、海报纸，你准备好了吗？

4.活动成果

我的行业探索作品

可以把你的作品分享到微信朋友圈、QQ空间、微博和博客中哦！

生涯之旅

1.成长日志

介绍我的学校我的班，并分享到班级群。

我的学校					
我的学校我的班	学校名称		详细地址		
	校园文化				
	我的班级				
	班级名称		班主任	班级目标	
	班级文化				
	班委名单				
	我的寝室				
	寝室编号		生活老师	寝室文化	
	室友名单				

2. 亲情传递

我的第一封家书

　　随着手机、互联网的普及，打电话、发短信、写电子邮件已成为人们主要的联系方式，而昔日作为情感依托、记录历史变更的书信，如今却已渐行渐远。请你给自己的父母写一封信，讲述自己在新的学习历程中的点点滴滴，并将信邮寄给他们。这或许是一种特别的情感表达方式，结果肯定会超出你的想象哟。

资源共享

1. 网络资源

（1）行业分类知识链接

（2）关注"生涯指导中心"微信公众号

请在微信中搜索"生涯指导中心"公众号，并关注。

2. 延伸阅读

（1）高澄清. 做一个快乐的学生［M］. 武汉：湖北教育出版社，2005.

（2）康普维尔特. 轻松玩转中学时代［M］. 武汉：湖北少年儿童出版社，2008.

（3）尤瓦尔·赫拉利. 人类简史［M］. 北京：中信出版社，2014.

（4）尤瓦尔·赫拉利. 未来简史［M］. 北京：中信出版社，2016.

主题 2　认识职业

1. 什么是职业

职业，是指人们为获取一系列需要（既包括物质报酬，也包括精神及心理方面的需要）的满足而从事的连续的、相对稳定的、专门类别的社会工作，是人的社会角色的重要方面。

2. 职业与行业的关系

职业是按工作职能来划分的，而行业是按工作对象来划分的。一个行业中包含多个职业，一个职业也可以出现在多个行业中。

在企业中，会划分不同的职能模块。一般来说，企业按照职能来分类有 8 个基础职能：销售、市场、研发、生产与服务、客服、财务、人力资源和行政。

3. 职业中的基础职能

（1）销售

销售是企业的经济命脉，是营销组织架构的重要组成部分，其销售业绩的好坏直接影响公司的生存发展。销售需要围绕公司的销售目标展开工作，以销售数据说话。销售人员需要有较强的沟通能力、应变能力和抗压能力，并具有业务开拓能力。

（2）市场

市场是营销组织架构的另外一个组成部分。销售是负责拉近产品与消费者的物理距离，而市场是负责拉近产品与消费者之间的心理距离。市场细分为产品市场、市场开发和市场宣传。其中，产品市场主要负责新产品的开发战略；市场开发主要负责现有产品的定位与市场推广战略，包括价格定位和价格策略；市场宣传主要负责产品的具体活动，如广告、促销、活动、产品介绍等，通过这样的手段不断激发市场需求。市场人员需要具有较强的沟通能力和策划能力。

（3）研发

研发的目的是为了满足客户不断变化的需求，通过产品给企业带来收益和利润，使得企业保持竞争优势。在一些制造类的企业里，可能没有产品研发职能，但有一些工艺的研发。产品研发人员需要具有深厚的专业功底作为基础。

（4）生产与服务

对于制造类的企业来说，以产品生产为主，主要职责是组织生产、降低消耗、提高生产率、按时保质为客户提供所需的产品。对于服务类的企业，如企业咨询、心理咨询、设计等，他们的主要职责是服务客户，满足需求，达成外包的任务。生产和服务人员需要具备一定的专业能力，对执行力和组织协调能力的要求比较高。

（5）客服

客服的职能是按照职业要求为客户提供服务，它分为售前、售中和售后服务三种类型。从广义上来说，任何能提高客户满意度的内容都属于客服的范围。在专门提供服务的企业中，客服和服务往往是同一个职位。客服人员需要具有较强的人际交往能力和沟通能力，同时需要具有较强的应变能力和关系协调能力。

（6）财务

财务职能的目标是使得企业的利润最大化、管理收益最大化、企业财务最大化。财务部的职能主要包括资本的融通（筹资管理）、现金的运营（财务管理）和资本运作（投资管理）三项。会计相关专业和金融专业的人都可以进入财务领域。财务人员需要具有较强的专业能力、思考能力和判断鉴别能力。

（7）人力资源

人力资源的职责是对企业中各类人员进行管理。人力资源管理分为六个模块：战略、绩效、薪酬、招聘、培训和员工关系。对新人来说，一般都是从其中一个模块开始做起，然后通过岗位轮换逐渐扩展到其他的模块，最后获得职业的综合发展。人力资源人员需要具有较强的亲和力、综合处理事务的能力和风险防范能力。

（8）行政

企业行政管理从广义上讲包括行政事务管理、办公事务管理、人力资源管理以及财产会计管理四个方面。企业行政管理狭义上是指以行政部为主，负责行政事务和办公事务，包括相关制度的制订和执行、日常办公事务管理、办公物品管理、文书资料管理、会议管理、涉外事务管理，还涉及出差、财产设备、生活福利、车辆、安全卫生等方面的管理。行政工作的最终目标是通过各种规章制度和人为努力使部门之间或者有关公司之间形成密切配合的关系，使整个企业在运作过程中成为一个高速并且稳定运转的整体；用合理的成本换来员工最高的工作积极性，提高工作效率，完成企业目标任务。行政人员需要具有较强的组织能力、管理能力、人际和事务处理能力。

4. 职业分类目录

根据 2015 年版《中华人民共和国职业分类大典》，可将我国现行职业人员分为以下 8 个大类：

类别号	类别名称
第一大类	党的机关、国家机关、群众团体和社会组织、企事业单位负责人
第二大类	专业技术人员
第三大类	办事人员和有关人员
第四大类	社会生产服务和生活服务人员
第五大类	农、林、牧、渔业生产及辅助人员
第六大类	生产、运输设备操作人员及有关人员
第七大类	军人
第八大类	不便分类的其他从业人员

生涯活动

可以观看职场类节目，如《职来职往》《非你莫属》；可以阅读人物传记，如《杰克·韦尔奇自传》等。

1. 活动主题

认识职业

2. 活动形式

职业访谈

确认访谈对象、拟订访谈提纲、进行会场布置，你做好准备了吗？

小贴士

职业访谈

　　职业访谈是对目标职业的从业者进行访问、面谈，获取对该目标职业的准入条件、核心知识结构、必备职业技能、职务升迁路线、薪资情况等全面的信息。

　　职业访谈可以帮助我们印证从其他渠道获得的信息，也可以了解实际工作中的特殊问题或需要，如潜在的入职标准、核心素养要求、晋升路径和工作者的内心感受等，这些信息是通过大众传媒和一般出版物得不到的。通过人物访谈，在校学生还能正确认识自己的优势和不足，从而制订更加合理的学习、生活和实习计划。

　　为了获取具体的、鲜活的、真实的职场信息，访谈目标应该集中在目标职业工作3～5年的从业者、中小企业主、资深HR或猎头、职业顾问等人群。

　　通过和专业人士聊天，可以更加了解自己的兴趣，提高面试技能，还可以扩展自己在某个领域的专家人脉。

　　记住：你的工作来自你认识的人！建立人脉，越早越好。因此，访谈结束时，你还可以说："我还想跟其他人聊聊这个领域的工作，您能向我推荐一些合适的人吗？"

3. 活动提纲

1 确定访谈对象	3 整理完善访谈记录
2 访谈要点	4 分享交流

★如何找到这份工作？

★这份工作每天都做些什么？

★从事该工作有哪些发展路径？

★做好该工作应具备哪些知识、技能和素养？

★从事该工作应先从什么样的工作岗位做起？

★做这份工作有哪些成就感？具有哪些挑战性？

4. 活动成果

我的职业访谈作品

以思维导图、PPT、微电影或微画报等形式呈现，并分享到微信朋友圈、QQ空间、微博和博客等中哦！

生涯之旅

1. 成长日志

了解我的社团，分享到班级群。

我的社团				
社团名称		社团团长		指导教师	
社团规模		QQ 群		微信号	
社团目标					
组织构成					
活动内容					

2. 友情经营

睡在我上（下）铺的室友

高中阶段的学习生活开始啦，同学们来自四面八方，这时候我们会结识很多新朋友，最先认识的是同一个寝室上（下）铺的室友。随着一天天的接触，你对他们的了解也越来越多，请写下你眼中上（下）铺室友的形象吧，然后与他们进行分享交流，会有意想不到的收获哦。

睡在我上（下）铺的室友					
姓　名		出生年月日		星　座	
联系电话		QQ 号		微信号	
兴趣爱好			喜欢的偶像		
优　点					
缺　点					

资源共享

1. 网络资源

（1）职业分类表

（2）《杨澜访谈录》

可在腾讯、爱奇艺、优酷中搜索《杨澜访谈录》并选择感兴趣的主题进行观看。

2. 延伸阅读

（1）陈畅.100 个最具前景的职业［M］.北京：机械工业出版社,2010.

（2）科林·斯坦利.销售就是要玩转情商［M］.武汉：武汉出版社，2015.

（3）柏唯良.细节营销［M］.北京：机械工业出版社，2009.

（4）马歇尔·卢森堡.非暴力沟通［M］.北京：华夏出版社，2009.

主题3 认知专业

1. 什么是专业

专业，泛指专门学业或专门职业。就学业而言，专业是指教育机构培养专门人才的专业门类。

2. 专业与职业、行业的关系

	包 含	相 交	相 离
专业与职业的关系	专业 职业　职业 专业	专业 职业	专业 职业
专业与行业的关系	行业 专业	专业 行业	专业 行业
行业与职业的关系	行业 职业		

3.专业类别

2010 年 3 月，中华人民共和国教育部发布《中等职业学校专业目录》，共 19 个大类 168 个专业，包括农林牧渔类、资源环境类、能源与新能源类、土木水利类、加工制造类、石油化工类、轻纺食品类、交通运输类、信息技术类、医药卫生类、休闲保健类、财经商贸类、旅游服务类、文化艺术类、体育与健身类、教育类、司法服务类、公共管理与服务类和其他。

生涯活动

1.活动主题
认知专业

2.活动形式
主题班会

3.活动提纲

可以浏览学校网站，加入专业 QQ 群进行专业地深入了解哦！

1	介绍来宾
2	团队风貌展示
3	系部负责人介绍专业情况
4	在校学长展示专业技能
5	毕业学长分享工作感悟
6	总结
7	撰写专业情况报告

先进行标杆学习、再撰写主题班会实施方案，还要邀请嘉宾、布置场地哟！

4. 活动成果

我的专业情况报告

专业名称		
教师团队		
课程	文化课程	
	专业课程	
	其他课程	
实践活动		
知识、技能、素养		
就业方向		

生涯之旅

可以利用微信朋友圈、QQ空间、微博和博客进行交流分享哟！

1. 成长日志

了解我的军训生活，分享到班级群。

我的军训生活	我的连队				
	连队名称		连队口号		教官
					指导员
	军训感悟				
	军训成果				

2. 两性认知

心灵的第一次悸动

当我看见 Ta 时，心跳加快了，虽然这种感觉有点陌生，有些兴奋，但我还是坦然接受心中这份悸动，把它深藏心底。在学习和生活中不断为这份悸动增加爱的能力，学会爱自己，学会爱他人。现阶段我不会把这份情怀变成行动，我也不会轻易接受 Ta 的感情，这是对自己和 Ta 的爱与尊重。在火热的夏天，我要用理性去保卫我心中的这份美好，等到秋天来临时，我会收获爱情的果实，这就是我的爱情观。你的爱情观呢？可以写下来与同学们分享。

资源共享

1. 网络资源

扫一扫"中等职业学校专业目录"

2. 延伸阅读

（1）杨熹文.请尊重一个姑娘的努力［M］.南京：江苏凤凰文艺出版社，2005.

（2）凯利·麦格尼格尔.自控力［M］.北京：文化发展出版社，2012.

（3）稻盛和夫.活法［M］.上海：东方出版中心，2012.

（4）稻盛和夫.心法［M］.上海：东方出版社，2014.

主题 4　深入企业

1. 什么是企业

企业，一般是指以营利为目的，运用各种生产要素（土地、劳动力、资本、技术和企业家才能等），向市场提供商品或服务，实行自主经营、自负盈亏、独立核算的法人或其他社会经济组织。

从另一个角度来说，企业是指能够提供社会成员就业的机会并获得收入，以营利为目的、追求利润最大化的市场经济运行体。

2. 企业文化

企业文化，或称组织文化，是一个组织由其价值观、信念、仪式、符号、处事方式等组成的特有的文化形式。企业文化是企业为解决生存和发展的问题而树立的，被组织成员认为有效而共享，并共同遵循的基本信念和认知。企业文化集中体现了一个企业经营管理的核心主张，以及由此产生的组织行为。

3. 企业存在的组织形式

企业主要存在四类基本组织形式：国有企业、民营企业、外资企业和事业单位。

（1）国有企业

国有企业（简称国企），是指由国家或地方政府投资或参与控制的企业。国企具有全民所有制性质，它作为一种生产经营组织形式同时具有营利法人和公益法人的特点，即国企在追求国有资产的保值和增值的同时，还要兼顾国家调节国民经济的目标。

从就业角度来看，国企具有以下特点：工作稳定，工资稳定，福利有保障；管理上可能有漏洞，企业发展灵活性差，不易调动员工的工作积极性。

（2）民营企业

民营企业（简称民企），是指除"国有独资""国有控股"外，其他类型的企业。只要没有国有资本，均属民营企业。民企属于自主经营、自负盈亏、自担风险的营利性经济组织。

民企在用人上首先重视员工是否能够帮助企业发展。业务能力、研发能力、管理能力等都是民营企业看重的。民企文化因企业老板管理风格不同，体现不同的特点。不同的民企在薪酬待遇上差异较大，而且，同一个企业内部，也由于经营情况不同，薪酬会有较大变动。

（3）外资企业

外资企业（简称外企），是指外国的企业、其他经济组织和个人作为投资者，依据中国的法律在中国境内设立的企业或机构。

外企因其资金与文化背景的差异，其主要特点为：以人为本，尊重员工；绩效考核，重视专业能力；薪酬水平较高。

（4）政府与事业单位

政府，是指在某个区域订立、执行法律和管理的一套机构。广义的政府包括立法机关、行政机关、司法机关、军事机关；狭义的政府仅指行政机关。一个国家的政府又可分为中央政府和地方政府。

事业单位，一般是指以增进社会福利，满足社会文化、教育、科学、卫生等方面需要，提供各种社会服务为直接目的的社会组织。事业单位不以营利为直接目的，其工作成果与价值不直接表现或主要不表现为可以估量的物质形态或货币形态。事业单位是相对于企业单位而言的，还包括一些有公务员工作的单位，是国家机构的分支。

不论在政府还是在事业单位，其特点与国有企业相似，工作都比较稳定，收入来源是中央或地方财政。因此，在事业单位谋得一个职位，仍是许多毕业生就业的首选。

不过，随着事业单位的改革，这种状况正在快速发生变化。当前，许多事业单位正在大力推行企业化管理、市场化运作、实行聘任制、搞绩效工资考核、限制事业编制等改革。

生涯活动

1. 活动主题

　　深入企业

2. 活动形式

　　企业调研

可以多参加企业的面试，试用企业的产品，体验企业的服务，到企业做兼职哟！

3. 活动提纲

1	通过网络搜集企业相关资料	**4**	找企业相关工作人员填写调查问卷
2	参观企业	**5**	整理调研资料
3	访谈企业负责人	**6**	撰写企业调研报告

★企业的发展历史

★企业文化

★企业在产品、市场、技术、人才等方面的优势与不足

★企业在行业（地区）中的地位及主要竞争对手

★企业对过去经营发展的基本评价以及对目前经营现状的分析

★企业今后的发展前景、经营预测及可能面临的主要问题

调研前记得准备访谈提纲、调查问卷、企业联系人等资料哟！

4. 活动成果

我的企业调研报告

可以在微信朋友圈、QQ空间、微博、博客中分享企业调研报告哟！

1. 成长日志

规划我的人生蓝图，并分享到班级群。

时 限 类 别	中期目标 （5 年内）	远期目标 （10 年内）	人生终极目标 （60 岁以后）
我的事业			
我的财富			
家庭生活			
学习成长			
人际关系			
健康休闲			

2. 亲情传递

我的第二封家书

沟通是大家在思想上的交流，我们应该多与自己的父母沟通交流。同时，沟通是解决问题最好的方法，无论何时，沟通都会拉近彼此的距离。请你给自己的父母写一封信，讲述你的成长情况，并将信邮寄给他们。这种特别的情感表达方式，会大大拉近你和父母的距离哦！

资源共享

1. 网络资源

（1）大型电视纪录片《公司的力量》

（2）中国企业网

http://www.qiye.gov.cn/

（3）企业问卷调查表

2. 延伸阅读

（1）石峰. 人本管理：激活人力资源［M］. 北京：中国物资出版社，2014.

（2）萨利姆·伊斯梅尔. 指数型组织［M］. 杭州：浙江人民出版社，2015.

（3）埃里克·施密特. 重新定义公司［M］. 北京：中信出版社，2015.

（4）杜博奇. 名创优品没有秘密［M］. 北京：中信出版集团，2016.

主题 5　体验岗位

1. 什么是岗位

　　岗位，是指在一个特定的企业组织中，在一个特定的时间内，由一个特定的人所担负的一项或多项责任以及为此赋予个体的权力的总和。简单地讲，岗位就是指企业中的某个员工需要完成的一个或一组任务。

2. 岗位与企业、职业、专业的关系

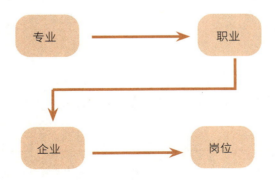

3.中国工作岗位分类

在《中国工作岗位分类标准》中，工作岗位被分为25大类244小类，包括经营管理类、公关/市场营销类、贸易/销售/业务类、财务类、行政/人力资源管理类、文职类、客户服务类、工厂类、计算机/互联网类、电子/通信类、机械类、规划/建筑/建材类、房地产/物业管理类、金融/经济类、设计类、法律类、酒店/餐饮类、物流/交通运输类、商场类、电气/电力类、咨询/顾问类、化工/生物类、文化/教育/体育/艺术类、医疗卫生/护理/保健类以及新闻/出版/传媒类。

生涯活动

1. **活动主题**

　　体验岗位

2. **活动形式**

　　岗位见习

可以通过访谈业内人士、参加招聘会等形式了解企业岗位情况哟!

3. **活动提纲**

1	熟悉企业环境、了解企业规章制度	3	岗位体验
2	观察岗位内容	4	写出岗位胜任模型

★该岗位的名称、直接上级、所属部门、岗位编制、所属下级岗位名称、所辖人数

★岗位概述

★日常工作内容、工作标准

★定期工作内容、工作标准

★主要权限

★主要责任

★对内工作关系、对外工作关系

★通用（知识、技能、素养）

★专业（知识、技能、素养）

★综合（知识、技能、素养）

可以通过企业文化、见习内容、注意事项等了解见习岗位哟！

4. 活动成果

我的岗位胜任模型

可以在QQ空间、微信朋友圈、微博、博客中分享岗位胜任模型哟！

生涯之旅

1. 成长日志

一年级的我，打算怎么过？将《我的成长规划表》分享到班级群。

姓 名			性 别		班 级		
我眼中的自己	优 点						
	缺 点						
我最终的理想							
实现理想需要做好的准备							
我的阶段规划							
学期任务	基础学习	竞赛获奖	人际交往	个性爱好	性格修养	其 他	
一年级上期							
一年级下期							
二年级上期							
二年级下期							
三年级上期							
三年级下期							
目前我急需解决的问题							

2. 友情经营

同桌的你

　　大家在这里相遇，在这里留下共同的回忆。从此，一份情感，默默地熟悉，深深地相依，像是空气相伴呼吸，纯粹而明晰。与同桌的时光是最幸福的日子，也将是一生最怀念的日子，请小心珍藏起这份情义。岁月会如流星般逝去，请你给自己的同桌写一封信，聊聊你们相处中的开心快乐、忧伤矛盾及彼此鼓励，相信你们定会因为这些生活、学习中的点滴，酿造地久天长的友谊。

资源共享

1. 网络资源

（1）远离毒品，珍爱生命

（2）中国工作岗位分类标准

2. 延伸阅读

（1）尼尔·恩默林斯基. 玛丽莎的心愿清单 ［M］. 昆明：云南人民出版社，2008.

（2）村上春树. 没有色彩的多崎作和他的巡礼之年 ［M］. 海口：南海出版公司，2013.

（3）大卫·奥格威. 一个广告人的自白 ［M］. 北京：中信出版社，2015.

（4）戴维·罗斯. 极致 - 互联网时代的产品设计 ［M］. 北京：中信出版社，2016.

小　结

每个人的职业发展都是动态的。在进行职业定位、职业规划的时候，了解职业发展的方向可以帮助我们对自己未来的发展有一个更好的设想，避免对自己发展状况不清晰，盲目转换工作和跳槽。那么，职业发展有哪些方向呢？

一是水平方向的发展。这种发展是指在企业内部转岗，如技术人员去做采购，属于跨职能的调动。水平方向的发展更符合个人的自我特质，可以增加职业的广度和视野，为综合职业发展打下坚实的基础。

二是垂直方向的发展。这种发展主要是指在企业内部或者行业内部职位的提升或晋升。个人通过企业设置的等级制度，在垂直方向的职业成功，就是达到和超越自己所期望的职位。

三是向内的发展。这种发展主要是指在企业内部或行业内部获得影响力。例如，技术人员将业务往"专、精、深"方向发展，做到无可替代。

四是向外的发展。这种发展主要是指在企业或行业之外的发展。

我们要做好自己的职业定位，就需要了解行业、企业及职业的现状、内容和未来的发展等各个方面的信息。因此，在平时的学习中，要多进行信息收集、职业访谈和自我思考。

第二单元

认识自我

　　世界现正处于一个不断变化的过程之中，没有什么是永恒不变的。每一次职业的选择，往往伴随着角色的转换，能否迅速适应这种转换，关乎个人的发展前景。

　　一般而言，职业适应的主体有两个，即个人和企业，但事实上，只有"个人适应企业"一个方向。因此，弄清企业的要求显得尤为重要；否则，我们将面临无法达到要求而被淘汰的局面。

　　了解企业的要求是第一步，针对企业的要求进行改善和提升是第二步。一个人区别于其他人最重要的特征之一是人格，即个人与社会环境交互作用形成的一种独特的行为模式和思维模式，它极其稳定，很难发生改变。

　　相对来说，兴趣、能力和价值观这三部分，均可通过有针对性的方法进行修炼和提升。调整这三个维度来满足企业的要求，不仅仅可以解决职业适应的问题，更重要的是可以对自身情况进行一个全面的分析，为今后的正确发展奠定良好的基础。

　　让我们一起来认识自己吧。

主题 6 职业兴趣

1. 什么是兴趣

兴趣，是指对事物喜好或关切的情绪，在心理学上是指人们力求认识某种事物和从事某项活动的意识倾向。例如，我对跑步感兴趣，我对心理学感兴趣，我对英语不感兴趣，我对家务不感兴趣。

兴趣是一种带有情感色彩的认识倾向，它以认识和探索某种事物需要为基础，是推动一个人去认识事物、探求事物的一种重要动机，是一个人学习和生活中最活跃的因素。我国著名的心理学家林崇德说："天才的秘密在于强烈的兴趣和爱好。"爱因斯坦也曾说过："兴趣是最好的老师。"由此可见，兴趣是促使我们在某一领域追求成功的驱动力。

2. 兴趣的三个层级

著名的职业生涯规划师古典把兴趣分为三个层级：感官兴趣、自觉兴趣和志趣。

（1）感官兴趣

感官兴趣就是通过直观的感官刺激产生的兴趣。例如，你偶然听到一首好听的歌，正准备用手机摇一摇查询歌名时，却被朋友圈发的其他内容给吸引过去了，这种短暂的停留就是一种感官兴趣。

（2）自觉兴趣

当你在情绪的参与下，把兴趣从感官推向了思维，由此产生了更加持久的兴趣，就是一种自觉兴趣。它是认知行为参与的兴趣。例如，当你在饭店吃了一道特别好吃的菜，回家后，你开始研究怎么才能做出这道菜，这就是自觉兴趣。自觉兴趣的最大特点就是思维的加入，它可以让兴趣更加持久并定向在一个领域，从而在脑子里形成回路，产生能力。

（3）志趣

志趣已不仅仅是自觉兴趣，而是把自觉兴趣通过学习变成能力，通过能力寻找平台获得价值，在众多价值中找到自己最有力量的一种生涯管理技术。例如，台球小王子丁俊晖，8岁半就开始练习台球，平均每天练习10个小时，18岁成为英国锦标赛冠军。这个世界级的高手就在自觉兴趣之上，发展出一种更加强大而持续的兴趣，去对抗重复和倦怠。志趣是人类最高的兴趣等级，它不仅在于感官和认知能力，还加入了更深一层的内在发动机——志向和价值观。

3. 什么是职业兴趣

职业兴趣，是指一个人对待工作的态度，对工作的适应能力，它表现为有从事相关工作的愿望。

4. 培养职业兴趣

我们应根据实际需要，培养广泛的兴趣，重视培养间接兴趣，积极参加职业实践，并保持稳定的职业兴趣。

第一步，发现兴趣。让自己先沉浸在足够的感官体验中，发现兴趣，获得兴趣的第一步动力。第二步，找到资源。在感官兴趣还没有消退时，为兴趣找到学习资源，尽快掌握更多的知识，使自己的感官兴趣进化到自觉兴趣。第三步，兑换价值。给自己找一个兑换价值的方式，把这个兴趣与最感兴趣的价值绑定。

注意，别把自己的目标设定得太高，以免产生失落感。我们要不断重复以上过程，使兴趣慢慢固定下来。

生涯活动

1.活动主题

我的职业兴趣

2.活动形式

霍兰德职业兴趣测试

测试结果只能作为参考依据之一，还可以通过看书、咨询身边的朋友等方式来了解自己的兴趣哟！

小贴士

霍兰德职业兴趣测试

霍兰德将人的职业兴趣分成了6个维度，而职业同样也有这6种类型的职业。一个好的职业选择，就是能将个人兴趣和职业类型尽可能地匹配起来。

常见的生涯困惑主要有两大类：职业和人际。

职业的问题多存在于工作环境和个人兴趣特质之间的不匹配，当两者之间的距离变大时，冲突会愈加剧烈。匹配度低的个体相对较难找到能满足自身全部兴趣的职业，所以常常会陷入焦虑与不满中；匹配度较高的个体则觉得任何类型的工作都能胜任，但在完成的过程中却常常会觉得有些情感上的缺失。前者需要将不同的兴趣分别在工作和生活中满足，后者需要进行足够多的职业探索，找到自己真正的兴趣需求。

至于人际关系方面，每个人都是独立存在的个体，不同人的兴趣类型也会千差万别。日常的人际交往也会是人格的体现。人际的冲突是因为意识形态的区别，双方无法互相理解。

霍兰德职业兴趣测试是一套很好的理论工具，通过测试，每个人均可获得属于自己的霍兰德代码。霍兰德代码中的首位一般是长期稳定的，这是个体在充分的自我了解和职业探索之后形成的比较重要的需求，需要在职业生涯中得到重点的满足。代码中的后两位属于可变动代码，相互之间往往没有过大的差别，个体需求程度没有主代码那么强烈，在满足程度上不必达到主代码的程度。

如果知道一个人的霍兰德代码，在理解代码含义的基础上，就更容易理解不同类型人的需求。行为背后都有其动机，代码在行为之外，直观剖析不同类型人的动机来源，从根本上理解行为背后的深层原因，借此解决行为层面的问题。

3. 活动提纲

1	了解霍兰德职业兴趣测试
5	找出与所学专业的联系点
2	测试职业兴趣
6	分享交流培养职业兴趣的途径
3	分析测试结果
4	找出与测试结果相匹配的职业

准备好 A4 纸、海报纸、彩笔哦！

4.活动成果

兴趣培养计划书

可以在QQ空间、微信朋友圈、微博和博客等中分享计划书哟！

生涯之旅

1.成长日志

我的成长故事

成长是每个人都必须经历的，当时光逝去我再回首张望走过的路时，发现我一直在改变着。因此，我想借这次机会，分别从"我的历史""我周围的人""我眼中的自己""我眼中的世界"和"我的思考"5 个方面分析自我成长报告。希望通过这次分析，我可以对自己有全新的认识，可以对自己进行更全面的定位。正确的自我分析有利于自我的成长，使自己能够善待生活，拥有一个良好心态。

我的成长	我的历史		
	幼儿园		
	小学		
	初中		
	高中		
	我周围的人		
	亲人		
	朋友		
	同学		
	老师		
	我眼中的自己		
	自我介绍		
	我对自己的看法		
	我的人生目标		
	我眼中的世界		
	我的世界观		
	我的价值观		
	我的思考		
	关于自己		
	关于人生		

2. 两性认知

以"在一起，现在咱们担当得起吗？"为主题，写一写你对"早恋"的看法。

资源共享

1. 网络资源

扫一扫"霍兰德职业兴趣测试"

2. 延伸阅读

（1）孟四清. 兴趣是最好的老师 ［M］. 天津：百花文艺出版社，2009.

（2）克里斯多福·孟. 亲密关系：通往灵魂的桥梁 ［M］. 长沙：湖南文艺出版社，2015.

（3）沃尔特·艾萨克森. 史蒂夫·乔布斯传 ［M］. 北京：中信出版社，2014.

（4）彼得·德鲁克. 创新与企业家精神 ［M］. 北京：机械工业出版社，2009.

主题 7 特质与性格

1. 什么是性格

性格，是指人对现实的态度和行为方式中比较稳定的心理特征的总和。

2. 性格与职业的关系

性格并无好坏之分，它是个体人格中具有核心意义的部分，与职业息息相关。性格决定着职业发展的长远，而各种职业的社会责任、工作性质、工作内容、工作方式、服务对象和服务手段的不同，决定了它对从业者性格的不同要求。要想让性格与职业达到最佳的匹配程度，首先要正确了解自己的个性，了解性格与职业定位的关系。性格若能与工作相匹配，工作中就会得心应手、轻松愉快、富有成就；反之，则会不适应、困难重重，给个人的发展造成影响。

3. 培养和塑造良好的性格

要培养和塑造良好的性格，可以通过读书明理、内省慎独，提高自我修养，并充分利用各种实践进行全面锻炼和磨炼。

4. 个人的 4 种特质

人具有 4 种特质：人格、兴趣、能力和价值观。

（1）人格

人格，是指人的性格、特征、态度或习惯的有机结合，也是指人的道德品质。一个人的人格对其人生的成长和发展影响很大，甚至起决定性作用。好的人格可产生吸引人的力量，称为人格魅力。富有人格魅力的人，事业就有了成功的基础。

（2）兴趣

简单地说，兴趣就是你喜欢的东西。当你对这件事感兴趣，在做事情的时候就会觉得有趣。如果工作的内容符合你的兴趣爱好，那么工作过程中会收获快乐，如音乐家创作歌曲。

（3）能力

能力，是指顺利在完成一项任务时所必需的主观条件。在工作中能够充分发挥自己的能力，就会收获成就感，如律师在赢得辩护之后的成就。

（4）价值观

价值观，是指一个人对客观事物（包括人、事、物）的意义、重要性的总体评价和看法。对诸事物的看法和评价有自己心目中的主次、轻重的排序，就是价值观体系。一个人的价值观和价值观体系是决定其行为的心理基础。当从事的工作符合自己的价值观，就会觉得工作很有意义。

5. 职业的四大要素

职业的 4 种要素：职业所需特质、职业的分类与内容、职业所需能力和各类职业的报酬率。

（1）职业所需特质

职业所需特质，是指职业对于从业人员的性格等个人属性层面的要求。不同的职业对于从业者的特质会有不同的期待，如财务审计工作需要员工具有严谨、沉稳的性格，演艺类工作需要性格开朗、活跃的员工。

（2）职业的分类与内容

职业的分类与内容，是指工作方向和工作中涉及的内容与范围，它决定了个体在工作中会遇到什么样的人和事。

（3）职业所需能力

职业所需能力，是指从事某种职业需要具备的多种能力的综合。职业能力直接决定了从业者是否能够胜任该职业。只有从业者具备相应的能力，才能完成该岗位的工作。职位所需要能力的相关信息，可以从职位描述中得到，如电话营销一定会要求沟通能力。

（4）职业的报酬率

职业的报酬率，是指从事该职业能够收获的回报。回报分为物质和精神两部分。这两部分的报酬同样重要，缺乏物质回报会导致生活艰难，缺乏精神回报会导致思想空虚。只有报酬符合个体价值观的期待时，工作才会有满足感。例如，追求稳定的人，即使互联网公司待遇很高，仍然难以长久为其工作；反而是公务员这种体制的工作更加适合他。

6. 个人特质与职业要素的匹配

了解个人特质和职业要素仅仅是基础，更重要的是将二者进行匹配，然后找到适合自己的职业方向。

想要比较准确地了解个人特质，可以进行各类心理测试。对于职业要素部分，则可以借助职业信息，通过对它们的检索明确职业对于从业人员的要求。将二者结果进行比较。

当个人特质和职业要素达到高度匹配时，个体能够最好地适应工作，能够获得更多的幸福感；当其中一部分出现问题时，个体在工作中会遇到相应的问题，职业生涯发展可能会受到阻碍。

所以，当面临工作问题时，首先分析自我特质（可以借助专业的心理测试，也可以进行职业访谈）；其次是检索职业要素，具体到职业对个体的要求；然后进行匹配，找到难以匹配的特质，着重进行思考，看能否寻求改变，以提高匹配度。若难以进行改变，可放弃该职业，重新寻找与自己特质相吻合的职业。记住，不要在改变中触及自己的底线。

生涯活动

1. 活动主题

我的特质与性格

2. 活动形式

自评互评

3. 活动提纲

1 利用九宫格写下自己的 6 个优点和 2 个缺点

2 利用九宫格写下同组同学的 6 个优点和 2 个缺点

3 将 2 张九宫格与同组同学互换

4 利用乔哈里视窗将自己的优缺点分区

5 找出与所学专业的契合度

6 分享、交流塑造良好性格的途径

可以用 DISC 与 MBTI 了解自己的性格哦！

4. 活动成果

性格塑造计划书

可以利用 QQ 空间、微信朋友圈、微博、博客等分享你的计划书哟！

生涯之旅

1. 成长日志

一年级的我，过得怎样？填写下表分享到班级群。

	班　级		姓　名	
一年级的我	我的操行排名		我交到几个新朋友	
	我参加过何种兴趣小组（社团）		我在何地参加见习	
	我最喜欢的老师		喜欢的原因	
	参加的班级活动			
	最难忘的事情			
	最快乐的事情			
	本学年的收获			
	一句感言			

2.亲情传递

我的第三封家书

随着时间的流逝，不知不觉中，你已经逐渐熟悉了新的学校、新的班级。在美丽的校园里，你一定经历过非常有趣的事情，结识了一群志同道合的朋友，也留下许多青春的烦恼。请通过书信的方式，向自己的父母倾诉，要求在信中介绍一位自己的好友，并描述 Ta 的性格。

资源共享

1.网络资源

（1）DISC 性格测评

（2）MBTI 职业性格测试

2.延伸阅读

（1）原田玲仁.每天懂一点性格心理学［M］.长沙：湖南文艺出版社，2012.

（2）李海峰.DISC 职场人格测试学［M］.长沙：湖南文艺出版社，2012.

（3）一行禅师.正念的奇迹［M］.北京：中央编译出版社，2012.

（4）本·沙哈尔.幸福的方法［M］.北京：中信出版社，2013.

主题 8　智能与技能

1. 多元智能

美国著名的发展心理学家、哈佛大学教授霍华德·加德纳博士提出了多元智能理论。他认为，人类的智能是多元的而非单一的，主要由语言智能、数学逻辑智能、空间智能、身体运动智能、音乐智能、人际智能、自我认知智能、自然认知智能 8 项组成。每个人都拥有不同的智能优势组合。

2. 多元智能与职业的关系

在多元智能理论的指导下，可以帮助人们通过较为科学的方法作出职业决策。多元智能主要包括以下 8 项智能。

多元智能	适合的职业
语言智能	政治活动家、主持人、律师、演说家、编辑、作家、记者、教师等
数学逻辑技能	科学家、会计师、统计学家、工程师、计算机软件研发人员等
空间智能	室内设计师、建筑师、摄影师、画家、飞行员等

续表

多元智能	适合的职业
身体运动智能	运动员、演员、舞蹈家、外科医生、宝石匠、机械师等
音乐智能	歌唱家、作曲家、指挥家、音乐评论家、调琴师等
人际智能	政治家、外交家、领导者、心理咨询师、公关人员、推销等
自我认知智能	哲学家、政治家、思想家、心理学家等
自然认知智能	天文学家、生物学家、地质学家、考古学家、环境设计师等

3. 什么是能力

能力是个体将所学知识、技能和态度在特定的活动或情境中进行类化迁移与整合所形成的能完成一定任务的素质。简单地讲，能力就是能否完成一件事的证明，而速度和质量是它的评价标准，如网站开发人员的最基本的能力是写代码的能力，能否根据网站需求将网站开发出来是否具备这种能力的证明。

著名的职业生涯规划师古典将能力进行了拆分，将其分为知识、技能和才干。

（1）知识

知识就是你所懂得的东西，需要通过有意识的、专门的学习和记忆才能获得，常常与我们的专业学习或工作内容相关。广度和深度是它的评价标准。知识不可迁移，需要专门学习才能掌握。

（2）技能

技能是我们能操作和完成工作的技术。这种技术可以来自生活中的方方面面，特别是工作之外得以发展，却可以被迁移运用到工作中。熟练程度是它的评价标准。

（3）才干

才干是我们"自动化"地使用的技能、品质和特质。才干有的是天赋，有的是长期习得的。才干对于职业达到最优秀有很大的贡献，但单一的才干无法被识别，需要与知识、技能组合。才干没有评价标准。

4. 能力发展的三阶段

能力的修炼依靠"学知识、用技能、攒才干"，其发展分为三个阶段。

第一阶段：学习知识。从"无知无能"到"有知无能"，在对某一领域的知识毫不了解的情况下，通过学习可以获得此领域的知识。

第二阶段：固化技能。从"有知无能"到"有知有能"，在获得相关领域的知识后，通过练习可以固化此领域的技能。

第三阶段：内化才干。从"有知有能"到"具有才干"，掌握此领域的知识与技能后，通过长期反复的实践内化为该领域的才干。

5. 能力的管理、培养与提升

每个人都会有很多能力，可是这些能力如何管理才能有利于职业发展呢？能力根据高低以及喜欢与否可分为：优势、退路、潜能和盲区，需要有针对性地进行管理、培养与提升。

（1）优势

这部分能力是你现在拥有的核心能力。一方面，你需要不断聚焦、精进，确保它具有竞争性；另一方面，你需要"刻意使用"，要主动宣传、刻意传播，让这个能力形成你的"个人品牌"。这样，你的优势将源源不断地给你带来各种机会与资源。例如，姚明的优势主要是身高和打篮球的技术，所以他努力成长为 NBA 巨星；郭敬明的优势是写作，所以他凭借自己的文采成了作家。

（2）退路

这部分能力是你过去用得不错的能力，是在生存阶段被迫锻炼出来的。一方面，你需要抽点时间回顾练习，保证自己仍然能够掌握它们，不至于荒废；另一方面，可以对这部分能力进行重新定位，看看是否能进一步深入发展，或者与你所感兴趣的能力一起组合使用，发挥优势，带动发展。

（3）潜能

这部分能力是你希望未来具有很优秀的能力，但需要加大投入、刻意学习。人的精力是有限的，在同一段时间内，同时学习的能力尽量别超过3个，越聚焦效果越好，越容易形成你的品牌。例如，你对设计很感兴趣，但是现在自身能力不足，那么，你需要先接纳自己现在的状态，然后投入时间和精力去学习，并且经常练习这个技能，以达到熟能生巧的程度。

（4）盲区

能力的盲区就是自己能力的不足之处。这部分的能力是你需要认真面对的，要正视自己的不足。你的能力盲区有可能就是别人的优势能力，可以通过与他人的合作，或者把与这些能力相关的任务授权给其他人完成，来避免它带给你的劣势。

生涯活动

1. 活动主题

　　我的能力

2. 活动形式

　　SWOT 自我分析

记得准备 SWOT 空表、海报纸和彩笔哟！

3. 活动提纲

1 利用 SWOT 写出自己的优势、劣势、机遇、挑战	**4** 找出与所学专业的匹配点
2 多元智能学习倾向测评	**5** 分享、交流培养和提升能力的方式
3 对比分析	

4. 活动成果

培养和提升能力的计划书

可以利用 QQ 空间、微信朋友圈、微博、博客分享计划书哟！

生涯之旅

1. 成长日志

二年级的我，准备怎么过？填写下表并分享到班级群中。

二年级计划	
具体目标	采取的具体措施
人际目标	
学习目标	
能力目标	
实习目标	

2. 亲情传递

我的第四封家书

老师是我们从幼稚走向成熟、从愚昧走向文明道路上的火炬手。在一年的学习历程中，你一定又认识了很多的老师吧！写一封信讲述自己在新的学习历程中与老师之间相处的点滴故事，并将信邮寄给父母，让他们了解是怎样的一群老师们在关心自己、帮助自己，让他们为自己的成长放心。

资源共享

1. 网络资源

（1）多元智能测评

（2）学习倾向测评

2. 延伸阅读

（1）霍华德·加德纳.大师的创造力：成就人生的 7 种智能［M］.北京：中国人民大学出版社，2012.

（2）霍华德·加德纳.多元智能新视野［M］.北京：中国人民大学出版社，2008.

（3）迈克尔·沃特金斯.创始人［M］.北京：中信出版社，2016.

（4）丽萨·克龙.你能写出好故事［M］.西安：陕西人民出版社，2014.

主题 9　职业价值观

1. 什么是价值观

在前面的主题中已讲述什么是人的价值观，通常不同的人有不同的价值观，即使是两个具有相同价值观的人，同一个事物在他们生活里的重要程度也会有所不同。

价值观没有对错，只有真实与否，如两姐弟，姐姐追求安稳，弟弟追求挑战，他们的价值观并没有谁对、谁错之分，这些都是来自他们自己的感受。

价值观在一定时期内相对稳定，它会随着你的需求和视角的变化而变化。

2. 价值观的修炼

价值观是对于事物重要性的一套评判标准，而出于生物的本能，对自己越重要的东西自己越是会不断努力地去争取。如何形成稳定的价值观系统，保证自己的生命朝着同一个方向前进，就显得尤为重要。这时候就需要不断修炼自己的价值观。

（1）持续确认

"读万卷书，不如行百里路。"许多时候，书本上的描述远远不能传达事物的本来面貌，只有自己切身经历过，才能体会到其中真正滋味。不去多多尝试体验，永远不会知道自己内心所想要的生活；而每一次的遇见，都需要进行确认：这真的是我想要的生活吗？持续的确认，才会避免选择不想要的道路。

（2）自我激活

在不断的确认之后，你会迎来内心不可抑制的热情，这很可能就是你一生为之追寻的价值观。现代社会变化迅速，如何在这纷繁复杂的环境中始终保持初心，就成了一门学问。也许你会觉得这个价值观不是我想要的，如金钱，但是却反复出现在你的各种经验之中。这个时候，你需要进行自我激活，欣然接纳自己这种暂时的状态。人在不同的阶段，会因为外在环境的不同而有不同的价值观偏好，这是极为正常的。学会悦纳自己，进行积极的自我激活，会在调整中找到自己一生不变的价值观。

（3）公开主张

如果只是你知道自己的价值观，而周围的人不知道，他们在无意中可能会做出触犯你价值观的行为。为了更好地贯彻自己的价值观，需要向周围人公开主张自己的价值观。公开的主张有助于改造出利于坚持价值观的环境。

（4）不断践行

这个阶段是最困难的阶段，因为会有各种已知、未知的阻力干扰你进行价值观的修炼。弱者往往选择等待，期待有一位勇士脚踏七彩祥云来帮助自己脱离苦海，生命就在这毫无意义的等待中挥霍了。世界上从来就没有救世主，我们必须咬牙不断践行自己选择的价值观，从而实现自己的梦想。

3. 什么是职业价值观

职业价值观，是指人生目标和人生态度在职业选择方面的具体表现，也就是一个人对职业的认识和态度以及对职业目标的追求和向往。

简单地讲，职业价值观就是人们希望通过工作来实现自己的人生价值，是人们选择职业的重要因素。

4. 职业价值观的分类

序 号	分类名称	详细说明
1	成就感	希望提升社会地位，得到社会认可，追求成功，重视旁人对自己的评价
2	道德感和使命感	重视自己工作在社会发展中的作用，将个人职业生涯发展与社会发展目标紧密结合，愿意为社会和他人贡献一份力量
3	美感	能多角度地欣赏周围人和事物的美，有机会展现美和创造美
4	挑战性	能运用自己的聪明才智解决困难，能突破传统方式，用创新方法处理事务
5	健康	能让自己免于危险、过度劳累，免于焦虑、紧张和恐惧，平心静气地处理事务，追求身体的健康和心理的安逸
6	收入与财富	所从事的工作能明显、有效地增加自己的收入，将薪酬作为选择工作的重要依据。工作的目的或动力主要来源于对收入和财富的追求，并以此改善生活质量，显示自己的身份和地位
7	独立性	在工作中能有弹性，不想受太多的约束，可以充分掌握自己的时间和行动，自由度高，不想与太多人发生工作关系，既不想治人也不想治于人
8	家庭和人际关系	重视自己所从事的工作对家庭的影响，关心、体贴家人和他人，愿意协助他人解决困难，重视人际关系的和谐
9	欢乐	享受人生，结交新朋友，追求专业活动中的欢乐感
10	权力	有较高的权力欲望，希望能够影响或控制他人，使他人照着自己的意思去行动；认为有较高的权力地位会受到他人尊重，从中可以得到较强的成就感和满足感
11	安全感	能满足基本需求，工作稳定，有安全感，发生突如其来的职业变动的可能性小，不必担心经常出现裁员和辞退现象，免于经常奔波找工作
12	自我成长	工作能够有利于知识、能力的提升，有利于人生经验的积累，有利于职务的晋升
13	协助他人	重视自己的付出有助于所在团体的发展

生涯活动

1. 活动主题

我的职业价值观

记得准备 A4 纸、海报纸、彩笔哟！

2. 活动形式

自我展示

3. 活动提纲

1	利用九宫格对自己未来生活进行盘点

★希望自己的收入是多少

★希望在工作中做到什么职位

★希望自己的工作内容有什么变化

★希望怎样安排自己工作以外的时间

★希望自己在社会中扮演什么样的角色

★希望自己在工作中取得哪些成就

2	测评职业价值观

3	对比分析

4	找到与所学专业的契合点

5	分享、交流修炼职业价值观的方法

4.活动成果

职业价值观修炼计划书

可以利用 QQ 空间、微信朋友圈、微博、博客分享职业价值观修炼计划书哟!

生涯之旅

1.成长日志

写一封信给未来的自己，写出自己未来想过的生活，分享到班级群或者微信朋友圈。

2.两性认知

关于性，我们知多少

20 世纪 70 年代的人认为,有爱才有性;80 年代的人认为,爱与性并存;90 年代的人认为爱和性已经不是一个等级的了。但当今,仍有不少女性因为不懂得性知识而最终导致自己的身体受到伤害,这让我们深刻地意识到了解性知识的重要性。我们应该正面去了解、理解性,在行使性权利的同时,也懂得保护自己。尤其是女性,更应该懂得应如何正确地呵护自己。

资源共享

1.网络资源

（1）职业价值观（职业锚）测试

（2）马斯洛需求理论解读

2.延伸阅读

（1）刘瑞军.跳槽不迷茫　理智定去留［M］.北京：人民邮电出版社，2012.

（2）洛克.把握你的职业发展方向［M］.北京：中国轻工业出版社，2006.

（3）一行禅师.和繁重的工作一起修行［M］.郑州：河南文艺出版社，2015.

（4）里奥·马斯堡.特蕾莎修女：奇迹的故事［M］.南京：江苏人民出版社，2011.

小 结

理想的职业是对一个领域觉得新鲜、有趣、好玩、有意思的感受，如果职业与兴趣吻合则会产生快乐感，如果工作与能力匹配则会产生成就感，如果工作可以兑现价值则会有满足感。

如果持续地在兴趣领域中投入，就会形成相应的能力，这个过程的提升取决于自身的内在修炼；如果找到合适的方式，能力可以转化为价值，这个过程取决于个人与职业的互动，双方缺一不可；如果持续地产生价值，这个价值就会强化兴趣，这个过程是人的基本的心理过程，并不需要刻意行动。通过不断循环，兴趣会从感官兴趣逐渐转化为乐趣和志趣，能力会从知识转化成技能和才干，价值经过反复强化会成为定见。

当一个人对工作缺乏兴趣时，会产生厌倦感，此时需要悦纳自己，提高工作挑战，进行工作外的补偿，将兴趣转化为能力，实现职业转换；当一个人感到能力不足时，会产生焦虑感，此时也需要悦纳自己，并精简和细化目标，适当降低要求，不断提升自己的能力，发挥自己的优势；当一个人觉得自身价值不够时，会产生失落感，此时还是需要悦纳自己，并投入资源，链接价值，转换平台。

第三单元

明 确 目 标

　　人生没有目标，正如生活没有方向，让人意志消沉，从而碌碌无为地虚度一生。如果不甘于平庸一生，不愿才干永远被埋没，则需要树立目标，然后向着既定的目标努力奋斗。

　　有了目标，内心的力量才会找到方向；有了方向，才能明确自己到底要追求些什么。

　　重拾儿时的梦想，回顾曾经崇拜过的人，确定一个自己十年内要模仿、参照的人生榜样！

　　现在，就让我们开始进行目标与榜样的探索活动吧！

主题 10　确立目标

1. 什么是职业生涯目标

职业生涯目标，是指个人在选定的职业领域内所要达到的具体目标。职业生涯目标包括长期目标、中期目标与短期目标，它们分别与长期规划、中期规划和短期规划相对应。一般来说，我们首先要根据个人的专业、性格、气质和价值观以及社会的发展趋势确定自己的长期目标，然后再把长期目标进行分化，根据个人的经历和所处的组织环境制订相应的中期目标和短期目标。

以预计实现目标要花费的时间长短为标准，一个人的行动目标主要分为三种：短期目标、中期目标和长期目标。

（1）短期目标

短期目标，是指在短时间内能够达成的目标，它可以非常具体、实际，可以是一周、一个月、一年的目标。

（2）中期目标

比短期目标的实现需要花更长的时间，但又不是很长时间的目标，称为中期目标。中期目标的实现时间可以是一年、两年，也可以是 3 ～ 5 年，这要根据自己的实际情况而定。

（3）长期目标

长期目标，是指要花长时间才能实现的目标。它可能是需要几年、几十年甚至是一生来实现的目标。

2. 确定目标的重要性

目标对于个人而言可以明确方向，让个人的生活、学习和工作更有计划性、更高效、更积极。

3. 确立目标应遵循三原则

一是从现实入手，放弃完美化的追求；二是分清工作的主次部分，将主要精力放在工作的主要部分上；三是限定完成目标的时间，制订工作完成的标准。

目标确立之后，应该紧盯着目标，全身心地投入到目标的完成中。只有这样，目标才会离自己越来越近，直至实现自己的目标。

4. 确立目标的步骤

（1）列出"目标清单"

假如想要实现所有的目标，首先就是要把它们全部列出来。列出来并不表示自己一定都做得到，但是，没有列出来，忘记的可能性就是百分之九十九。

（2）进行优先级处理

如果在同一段时间，有很多目标要完成，那么，一定要对目标进行优先级排序。首先是重要的、紧急的；其次是重要而不紧急的；然后是不重要、紧急的；最后是不重要，也不紧急的，可做可不做的。

（3）设定具体期限

目标要实现，就一定要有期限。把期限写下来时，就可以很清楚地了解这个目标是太急还是太慢，是太多还是太少。在列出目标清单后，如果发现自己的目标全都是长期目标，则需要分成一些短期的行动方案和行动步骤；如果发现自己的目标全都是短期目标，则需要设立一些长期目标，让自己平衡一下。

（4）确定核心目标

当目标太多时，必须要确定出一个核心目标。对于核心目标，需要重复不断地思考，才有可能实现。

（5）时常温习目标

有的目标长时间不回头去温习一下就会变得模糊，甚至忘记。因此，要经常不断地重温自己的目标，尤其是核心目标，要把它深刻地嵌在头脑中，甚至做梦都会想到它。

（6）找到帮自己达成目标的人

能帮自己达成目标的人，或许就在身边，但你得先付出，才可能获得别人的帮助。或者还可以找到自己的榜样，模仿其实现目标的方法和途径，也能帮助自己达成目标。

生涯活动

1. 活动主题

我的职业目标

2. 活动形式

自我展示

记得准备 A4 纸、海报纸、彩笔哟！

3. 活动提纲

<table>
<tr><td>**1**</td><td>分别写出 10 年、5 年、3 年的目标</td><td>**4**</td><td>画出思维导图</td></tr>
<tr><td>**2**</td><td>分别写出目标之间的关系及确立原因</td><td>**5**</td><td>小组展示</td></tr>
<tr><td>**3**</td><td>对 3 年目标细化，注明完成时间</td><td></td><td></td></tr>
</table>

4. 活动成果

我的目标思维导图（3 ～ 10 年）

可以利用 QQ 空间、微信朋友圈、微博、博客分享目标思维导图哟！

生涯之旅

1. 成长日志

以"现在的我，过得怎样？"为题写一封信给现在的自己，进行自我总结。

2. 亲情传递

我的第五封家书

写封信给父母谈谈自己的职业理想和目标。

资源共享

1.网络资源

（1）职业生涯的目标应如何制订？有什么意义？

（2）职业生涯发展目标的确立

2.延伸阅读

（1）博恩·崔西.目标［M］.成都：四川人民出版社，2014.

（2）阿尔·里斯.人生定位：特劳特教你营销自己［M］.北京：机械工业出版社，2011.

（3）克莱顿·克里斯坦森.你要如何衡量你的人生［M］.长春：吉林出版集团，2013.

（4）谢丽尔·桑德伯格.向前一步［M］.北京：中信出版社，2014.

主题 11　目标管理

1. 什么是目标管理

在企业中，目标管理是以目标为导向，以人为中心，以成果为标准，使组织和个人取得最佳业绩的现代管理方法。

针对学生而言，目标只是成功的起点，要想真正达到人生所希望的目的地，还需要对人生目标进行科学的管理。尤其是要经常检查自己的短期目标和中期目标的实现情况，并及时做出科学调整。因为它是决定人生成败的又一关键要素。如果一个人只空谈目标而没能真正地去管理它，那么目标也只能是水中月、雾中花。

大多数人都幻想自己的生命是永恒不朽的。他们浪费金钱、时间以及心力去从事所谓的"消除紧张情绪"的活动，而不是去从事"达到目标"的活动。

许多学生无法实现自己的理想，其原因就在于：他们从来没有对自己的目标进行管理。

在目标管理的过程中，人生的总目标应该尽可能远大。远大的目标，才能产生持久的动力和热情。注意，目标必须是具体的、可以实现的。如果目标计划不具体，则无法衡量目标是否实现了，那么就会降低自己的积极性，导致无法按照目标计划坚持下去。

2. 目标管理的步骤

目标管理的步骤如下：

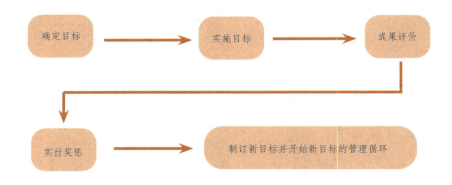

3. 企业目标管理的特点

（1）员工参与管理

目标管理是员工参与管理的一种形式，由上、下级共同商定，依次确定各种目标。

（2）以自我管理为中心

目标管理的基本精神是以自我管理为中心。目标的实施，由目标责任者自我进行，通过自身监督与衡量，不断修正自己的行为，以达到目标的实现。

（3）强调自我评价

目标管理强调自我对工作中的成绩、不足、错误进行对照总结，经常自检、自查，不断提高效益。

（4）重视成果

目标管理将评价重点放在工作成效上，按员工的实际贡献大小如实地评价一个人，使评价更具有建设性。

生涯活动

1. 活动主题

我的周计划

除了周计划，还可以做月计划、学期计划、年计划哟！

2. 活动形式

自我盘点

3. 活动提纲

1	在印象笔记中制订周计划	3	完成一项勾选一项
2	计划中按 Steps 原则排序	4	将计划表在投影中展示

★将健康、学习、时间安排、朋友圈、理财进行优先排序

★把寻找生涯导师作为人脉经营的重要内容

记得准备手机、投影仪等设备哟！

4. 活动成果

我的周计划

可以在QQ空间、微信朋友圈、微博中分享周计划哟！

可以用印象笔记、手机备忘录等方式记录哟！

生涯之旅

1. 成长日志

写写二年级的我，过得怎样。

二年级的我	班　级		姓　名	
	我的技能排名		我的生涯导师	
	我参加过何种社会实践		我在何地参加跟岗实习	
	我的榜样		喜欢的原因	
	参加的实践活动			
	最难忘的实践活动			
	最快乐的实践活动			
	本学年的收获			
	一句感言			

2. 两性认知

了解艾滋病

艾滋病，全称是"获得性免疫缺陷综合征"（Acquired Immunodeficiency Syndrome，AIDS）。它是由艾滋病病毒即人类免疫缺陷病毒（HIV）引起的一种病死率极高的恶性传染病。HIV病毒侵入人体，能破坏人体的免疫系统，令感染者逐渐丧失对各种疾病的抵抗能力，最后导致死亡。目前，还没有疫苗可以预防，也没有治愈这种疾病的有效药物或方法。HIV感染者是传染源，可从血液、精液、阴道分泌液、乳汁等中传播。握手、拥抱、接吻、游泳、蚊虫叮咬、共用餐具、咳嗽或打喷嚏等日常接触一般不会传播HIV病毒。请谈谈你对这种病的认识和看法。

资源共享

1. 网络资源

（1）一个女艾滋病患者的自述

（2）周、月、年计划书链接

2. 延伸阅读

（1）苏俊. 卓有成效的目标管理［M］. 广州：广东经济出版社，2008.

（2）詹文明. 杜老师的目标管理［M］. 上海：东方出版社，2014.

（3）唐纳德·韦尔奇. 管理十诫［M］. 北京：中信出版社，2010.

（4）丹尼斯·N·T·珀金斯. 危机领导力［M］. 北京：中信出版社，2014.

主题 12　学习榜样

1. 什么是榜样

"被效仿的人或者事"被称为榜样。榜样是一种力量，彰显进步；榜样是一面旗帜，鼓舞斗志；榜样是一座灯塔，指引方向。

2. 榜样的类型

榜样是多方面的。父母是最有影响力的榜样，但除父母以外，师长、亲朋好友、同胞、配偶、名人以及文学虚构中的人物都可以成为对人有着重要影响的榜样。

3. 为什么要学习榜样

榜样的力量是无穷的。每个人在通往成功的人生道路上，需要寻找自己的人生榜样。自觉寻找自己的人生榜样是规划人生的捷径之一。这样可以使自己从成功者的身上发现他们的可贵之处、超人之处。当自己在未来的人生奋斗中，碰到各种各样的困难和问题时，可以从中汲取力量，激励自己奋发向上、不断前进。

因此，我们要像王小丫那样对梦想充满自信，要像邓亚萍那样怀着梦想去拼搏，要像姚明那样走向世界的舞台，要像马云那样带着希望去创业，要像郭敬明那样用笔来书写未来，要像张海迪那样活出生命的精彩。

生涯活动

1. 活动主题

   我的榜样

2. 活动形式

   模仿学习

记得准备手机、A4纸、彩笔、海报纸哟！

3. 活动提纲

1	找到你心中的榜样	5	制订学习榜样的行动计划
2	列出榜样经历过的转折事件	6	分享交流
3	归纳出榜样的性格特质		
4	写出可学习之处		

寻找我们熟悉的榜样，可以是学者、长辈，身边的老师、朋友、同学哦！

4.活动成果

学习榜样的行动计划书

可以利用QQ空间、微信朋友圈、微博、博客分享你的计划书哟!

生涯之旅

1.成长日志

梳理曾经对我学习影响最大的榜样，填写下表并分享到班级群中。

我的学习榜样							
姓名		性别		出生年月		性格特质	
影响力							
对我影响最大的事件				榜样金句			
对我思想意识方面的影响							
榜样核心思想							
对我的影响							
对我行为驱动方面的影响							
榜样行为表现							
对我的影响							

2. 友情经营

写给我的榜样的话

用书信的方式向自己的榜样说点心里话，表达自己的崇拜与感激之情吧！

资源共享

1. 网络资源

时代楷模与道德模范

2. 延伸阅读

（1）凌志军. 成长比成功更重要 [M]. 长沙：湖南出版社，2013.

（2）十二. 不畏将来 不念过去 [M]. 南京：江苏文艺出版社，2013.

（3）克莱顿·克里斯坦森. 你要如何衡量你的人生 [M]. 长春：吉林出版集团，2013.

（4）杨澜. 世界很大，幸好有你 [M]. 南京：江苏凤凰文艺出版社，2016.

小 结

　　人生如棋，得失之间蕴藏着无限的玄机。如果想获得人生的成功，如果想赢得人生棋局的胜利，就要认真思考一下未来的发展目标。

　　漫漫人生路，需要考虑的内容实在太多。进行人生目标的确立，需要站得高，才能看得远。而总揽一生全局，要抓住重点，抓住关键。这样，你的人生发展才会前途无量、成功在握！

第四单元

策划行动

　　即使目标再美好，再伟大，如果不用行动去落实，也只能是空想。成功在于意念，更在于行动。制订目标是为了达到目标，目标制订好了，就要付诸行动去实现它。如果不化目标为行动，那么所制订的目标就成了毫无意义的东西。行动才是达到目标的唯一途径。

主题 13　行动方案

1. 什么是行动方案

　　行动方案，是指决定行动步骤的过程或技术，是人工智能中问题求解的重要组成部分，有时也称其为规划。

2. 行动方案的要素

　　行动方案的要素包含：①具体行为的步骤；②完成时间；③最大阻力；④解决问题的资源和策略；⑤行动；⑥修正调整。

1. 活动主题

　　心动不如行动

2. 活动形式

自我梳理

3. 活动提纲

1	制订具体行动步骤及完成时间表	**4**	行动
2	列出最大阻力（恐惧）	**5**	修正调整
3	准备解决问题的资源和策略		

记得准备职业生涯规划书模板哟!

要认真思考、梳理行动方案哦!

4. 活动成果

我的职业生涯规划书（1—10 年）

可以在 QQ 空间、微信朋友圈、微博、博客中分享自己的规划书哟!

生涯之旅

1. 成长日志

三年级的我，准备怎么过？填写下表并分享到班级群中。

我的目标
努力的途径

2. 亲情传递

我的第六封家书

马上要进入三年级了，你准备开启新的学习旅程，此时一定有许多心里话以及对未来的计划和打算要讲吧，不妨写封信告诉自己的父母。

资源共享

1. 网络资源

职业生涯规划书模板

2. 延伸阅读

（1）吉恩·海登. 执行力是训练出来的［M］. 长沙：湖南文艺出版社，2012.

（2）稻盛和夫. 干法［M］. 北京：机械工业出版社，2015.

（3）秋山利辉. 匠人精神［M］. 北京：中信出版社，2015.

（4）安德斯·艾利克森. 刻意练习［M］. 北京：机械工业出版社，2016.

主题 14　自我提升

1. 自我提升的重要性

世上无难事，只怕有心人。成功与否，在于自己能不能不断地超越自我，在于能否坚持自己的梦想。

2. 自我提升的方式

自我提升的方式包括：①认识自己；②学会角色转换；③分解目标。

1. 活动主题

自我提升计划

2. 活动形式

填写个人商业模式画布

准备手机（计算机）、A4 纸、彩笔、海报纸等。

3. 活动提纲

| **1** | 自我盘点 |

| **4** | 利用个人商业模式画布制订提升计划 |

| **2** | 搜索卓越人士的目标与素养 |

| **5** | 分享交流 |

| **3** | 找差距 |

4. 活动成果

个人商业模式画布

_____ 的商业模式画布

谁可以帮我	我要做什么	我怎样帮助他人	怎样和对方打交道	我能帮助谁
	我是谁，我拥有什么		怎样宣传自己和交付服务	
我要付出什么		我能达到什么		

可以利用 QQ 空间、微信、微博、博客分享自己的商业模式画布哟！

生涯之旅

1. 成长日志

生涯幻游

（1）找到你的职业生涯近期目标，试想 3 年后你在干什么？是什么职位？

（2）以"_____的一天"为题，为 3 年后的自己设计一个场景，可以用漫画、文字、海报等形式呈现。

2. 友情经营

"国王与天使"游戏

游戏规则：

①全班同学把自己的名字写在一张卡片纸上，并在背后写下一个近期的具体的小愿望，不要太贪心，也不要太不切实际。

②每个同学随机抽取一张（不能是自己的），抽到的那个人是你的"国王"，你就是他的"天使"。

③"天使"要默默地为国王服务，"天使"的服务要丰富多彩，如提供一瓶水、一起散步、一起吃午餐等。

④"天使"要努力为你的国王实现 TA 的愿望，但是又不能让国王知道，国王不能打听谁是自己的"天使"。

⑤一个月的约定期完，公布各自的"天使"。

⑥"国王"与"天使"需保留所有游戏资料及物品。

资源共享

1. 网络资源

（1）优米网站免费公开课

在百度搜索"优米"，可进入优米网站在线学习大量免费公开课。

（2）网易云课堂公开课

2. 延伸阅读

（1）美崎荣一郎 . 别告诉我你会记笔记 [M] . 北京：中信出版集团，2015.

（2）丹·艾瑞里 . 怪诞行为学 [M] . 北京：中信出版社，2010.

（3）戴维·珀金斯 . 为未知而教为未来而学 [M] . 杭州：浙江人民出版社，2015.

（4）威廉·克瑙斯 . 终结拖延症 [M] . 北京：机械工业出版社，2015.

主题 15 职场准备

1. 心理准备

进入职场前，应做好心理方面的准备：

①选择适当的就业目标，避免理想主义、从众心理。

②克服自卑、胆怯的心理，树立自信心，不怕挫折。

2. 面试材料准备

入职前，需准备好以下材料：毕业生推荐表、简历、求职信、成绩单及各类证书等。

3. 面试礼仪准备

入职前，从内到外做好面试准备，包括言谈、举止、态度、着装、饰品、指甲及面部清洁等。

生涯活动

1. 活动主题

模拟面试

2. 活动形式

现场互动

小贴士

（1）模拟面试除了现场互动形式外，还包括在线的模拟面试，很多知名招聘网站都提供类似的专业服务。

（2）面试是一个双向选择的过程，既是企业面试你，也是你考察企业的机会。因此，面试前应设法通过各种途径了解面试企业的文化、现状、发展前景。面试时可以通过以下5个观测点去判断企业好坏：①企业地理位置；②办公环境；③工作氛围；④员工素质；⑤面试官水平。

3. 活动提纲

| 1 | 自我介绍，展示亮点 | 3 | 表态与致谢 |
| 2 | 回答企业 HR 的问题 | 4 | 分享面试感悟 |

★你为什么选择我们公司

★你对我们公司了解多少

★你的优势有哪些

★你的不足有哪些

★你对待遇有什么要求

小贴士

面试结束后你该做的 5 件事：

①留言感谢；

②不立即打听结果；

③收拾心情；

④适时查询结果；

⑤做好再冲刺的准备。

4. 活动成果

我的求职简历

可以利用QQ空间、微信朋友圈、微博、博客分享求职简历哟！

生涯之旅

1. 成长日志

填写《三年级的我，过得怎样》九宫格，在班级做汇报。

学　业	能　力	健康状况
目　标	三年级的我，过得怎样	友　情
不　足	优　势	家　庭

2. 两性认知

我在事业里等你

我国著名教育家陶行知先生曾说过这样一段话："每个人，无论男女，到了一定年龄是要谈恋爱，要过家庭生活的。但是，如树上的果子，是熟的好吃，还是生的好吃？像我们这里的杏子，要是没成熟就摘下来，好吃吗？人就像果子，要长成熟，有了学问，会做工作，又有养育子女的能力，就好比果子熟了，那时就可以得到真正的幸福了。要是书没有读好，工作能力没有培养好，谈恋爱会有好处吗？"同学们，如果你喜欢一个人，那么请先把这份感情埋藏在心里吧，把动力转移到成就事业上，只有等事业起步后才真正有能力为自己的感情负责。

资源共享

1. 网络资源

（1）乔布简历模板网

百度搜索"乔布简历"，可进入官网找到大量简历模板。

（2）职场节目：《职来职往》《非你莫属》《脱颖而出》

2. 延伸阅读

（1）金正昆.职场礼仪［M］.北京：中国人民大学出版社，2015.

（2）李开复.与未来同行［M］.北京：人民出版社，2006.

（3）邱庆剑.你在为谁工作［M］.北京：机械工业出版社，2011.

（4）科里·帕特森.关键对话［M］.北京：机械工业出版社，2012.

主题 16　就业创业

1. 就业、创业的意义

就业的好与坏将直接影响个人和家庭的生活，同时也会影响所在单位的劳动效率，而创业的好与坏从另一角度来看还会直接影响经济建设和产业结构的调整。创业也是学生就业的一种重要形式。

2. 创业的条件

成功的创业至少需要以下 4 个条件：

①创业精神。它主要表现为主动进取心、创造性、事业心和责任感。

②创业的知识与能力。创业知识，表现为专业知识与文化基础知识的融通，科学与技术的结合，理论与应用的结合；就业能力，主要包括人际交往能力、语言能力、信息能力、创造性思维能力等。

③创业经验。它主要是指通过亲身实践所获得的知识和技能。

④创业机遇与环境。创业机遇，是一个人所碰到的成功创业的机会或环境因素。创业环境，则是外延更大的概念，它包含机遇，但还有些是非机遇的环境因素。

生涯活动

1. 活动主题

我的创业计划

2. 活动形式

创业测评和访谈互动

记得准备创业测评规则、提前联系创业成功的学长哟！

3. 活动提纲

1 了解创业相关政策	**5** 盘点创业面临的所有挑战、机遇和风险
2 了解创业者应具备的素养和能力	**6** 制订一份创业计划书
3 测评自己是否适合成为一个创业者	
4 访谈创业成功的学长需要做好哪些准备	

可以利用QQ空间、微信朋友圈、微博、博客分享自己的创业计划书哟！

4. 活动成果

我的创业计划书

生涯之旅

1. 成长日志

写一写自己对母校、学弟学妹们的寄语。

2. 亲情传递

我的第七封家书

请给自己的父母写一封信，告诉父母自己的就业、创业计划，请他们提出一些意见和建议。

资源共享

1. 网络资源

（1）先就业后创业的重要意义

（2）创业测评

2. 延伸阅读

（1）周锡冰.马云教你创业［M］.北京：中国经济出版社，2009.

（2）查哈尔.25岁，我赚了3个亿［M］.北京：科学出版社，2009.

（3）宗毅.裂变式创业［M］.北京：机械工业出版社，2015.

（4）莱斯.精益创业［M］.北京：中信出版社，2012.

小 结

　　只有用行动来证明生活和学习的目标是否正确，哪怕行动中遇到挫折和失败，但奇迹总是在实践中创造出来的。

　　踏踏实实地从今天做起，从现在做起，坚持不懈，奋斗不已，就能达到成功的彼岸。

第五单元

培养习惯

我们都知道习惯的力量是强大的，它的强大其实超乎所有人的想象。人每天的活动中，有超过 40% 是习惯的产物，而不是自己主动的决定。虽然每个习惯的影响相对来说比较小，但是随着时间的推移，这些习惯综合起来对我们的健康、效率、个人经济安全以及幸福有着巨大的影响。如果能发现自己的"习惯模式"，就能彻底改变自己的生活和事业。

让我们一起为良好习惯的养成而努力吧！

习惯养成（一）

1. 健康管理

（1）运动习惯

1	了解运动参与的必要	5	追寻运动的乐趣
2	收集正确的运动参与信息	6	寻求家庭或团体的助力
3	制订适当可行的运动处方	7	"没时间"只是借口
4	设定简易可行的短期目标		

（2）饮食习惯

①早起先喝一杯水，让身体充分吸收。

②早饭要吃好，午饭要吃饱，晚饭只吃 7 分饱。

③睡前 2 小时不进食，每天要喝几杯水。

④认认真真用餐，禁止边用餐边做其他事。

⑤用餐时细嚼慢咽。

⑥多喝水，少喝饮料。

⑦不要过多地使用调味料。

2. 学习管理

（1）思考的习惯

1	从一句话日记开始	4	回顾一天得失、工作进展、整个生活
2	每天固定时间进行一句话日记，没有例外	5	公开发表你的思考
3	勤加练习		

小贴士

善于思考的好处

①能帮助你从失败中吸取教训；

②能帮你带来新的想法；

③能使你帮助他人；

④能使你快乐；

⑤能带给你洞察事物的能力。

（2）做计划的习惯

制订一个计划表可以让你清楚地知道你什么时候该干什么。可以制订日计划、周计划、月计划、年计划等。

以日计划为例：

每天花 10 分钟制订时间表	提前罗列明天要做的事情清单	分成： a. 重要的事 b. 一般的事 c. 其他琐碎杂事 三种等级
严格遵守，尽量在规定时间内完成	2018.10.9	时间分配比例为： a：b：c 60%：30%：10% （所花的时间） 重要的事留足时间
实际要做的事比预计得多，把不重要的事放到时间充裕那天去做	确定每件事情的起始和结束时间点	计划要实用，两件事情之间加入 5 ～ 10 分钟的缓冲时间

（3）阅读的习惯

1	找时间读书	5	做读书笔记
2	随身携带一本书	6	去图书馆借书
3	列一份读书清单	7	把读书当成享受
4	找个地方读书	8	分享你读过的书

（4）写作的习惯

1	观察感知，力求写实	4	多读、多写、多修改
2	体验积累，迁移运用	5	多写片段、多记日记
3	提倡模仿，培养文风		

（5）知识管理的习惯

•知识管理的概念

知识管理，是指在组织中构建一个量化与质化的知识系统，让组织中的资讯与知识通过获得、创造、分享、整合、记录、存取、更新、创新等过程，不断地回馈到知识系统内，形成永不间断的累积。个人与组织的知识成为组织智慧的循环，在企业组织中成为管理与应用的智慧资本，有助于企业做出正确的决策，以适应市场的变迁。

•养成知识管理的习惯

要想形成一个系统性的知识管理，很关键的因素就是形成习惯，把收集、整理、思考、实践、分享都变成日常的习惯。

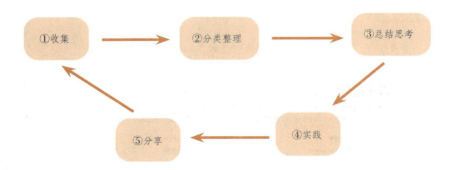

习惯养成（二）

3. 时间管理

（1）什么是时间管理

时间管理，是指通过事先规划和运用一定的技巧、方法与工具实现对时间地灵活及有效运用，从而实现个人或组织的既定目标。EMBA、MBA 等主流商业管理教育均将时间管理能力作为一项对企业管理者的基本要求。

小贴士

百度一下"时间管理"，可以轻松了解，如：

（2）时间管理中的"六点优先工作制"

时间管理如此重要，如何养成时间管理的习惯？方法很多，我们主要采用六点优先工作制。

①写下要做的全部事情。

②按事情重要性排序，分别从"1"到"6"标出 6 件最重要的事情。

③每天一开始，全力以赴做标号为 1 的事情，直到它被完成或被完全准备好，然后再全力以赴做标号为 2 的事情，以此类推。

每日工作计划

序 号	完成● 未完成○	今日事务	量化目标	完成状态详细描述
1				
2				
3				
4				
5				
6				

（3）时间管理矩阵

重要并紧急的事优先做，重要而不紧急的事坚持做，紧急而不重要的事选择做，不重要也不紧急的事有空再做。

	紧　急	不紧急
重　要	I 危机 迫切问题 限时需解决问题	II 预防性措施 培养产能的活动 建立关系 明确新的发展机会 制订计划和休闲
不重要	III 接待即时访客、来电 某些回信、报告 会议 迫切需要解决的事务 公共活动	IV 琐碎忙碌的工作 某些信件 某些电话 消磨时间的活动 令人愉快的活动

4.人脉管理

（1）养成建立人脉圈的习惯

①建立人脉圈的小技巧。

1 记住他的名字

5 和自己相似的人最容易成为朋友

2 从对方得意的事谈起

6 打动人的往往不是嘴巴而是耳朵

3 适度暴露缺点，消除戒心

7 让别人总想见到你

4 用你喜欢别人对待你的方式去对待别人

②较容易建立人脉圈的场所和方法。

1	认识的人	4	写博客
2	工作场所	5	社交活动或交友约会
3	俱乐部和社区	6	参加研讨会

③人脉圈应该扩展的领域。

1	卖票人	6	名人
2	旅行社	7	保险、金融专家
3	人才市场、猎头公司	8	律师
4	银行	9	维修人员
5	当地公务人员、警察	10	媒体联络人

（2）养成分享的习惯

从管理者的角度来说，分享的过程如下：

1	分享目标	4	分享权力
2	分享信息	5	分享成果
3	分享方法和经验		

分享的平台和方式多样，在后面的工具集锦中可以具体学习到。

目前常见的分享软件和平台有很多，如：

| QQ | QQ 空间 | 百度百科 | 来往 | 朋友圈 | 人人网 | 微信 | 新浪微博 | 印象笔记 |

5. 财务管理

（1）养成投资人脉的习惯

以下是 15 个人脉管理的小技巧：

①聊天聊点长远的事；

②交往一些眼前无用的人；

③不要随便给人家承诺；

④接近不知道或不喜欢的知识或人士；

⑤在没事的时候联络老朋友；

⑥做成本低但让人感觉到你的关心的事；

⑦组织聚会扩大关系；

⑧关心自己给人的第一形象；

⑨一定要用名片；

⑩与朋友一起做公益；

⑪建立自己的人脉数据库；

⑫储蓄人脉，不要断线；

⑬善于借力；

⑭内向人士多用网络扩展人脉；

⑮做好自己，吸引人脉。

以下是人脉投资的 10 条建议：

1	"认识人多"不等于"人脉广"	6	少"巴结"，多"互助"和"提携"
2	人脉的基础是你的"被利用的价值"	7	用好"平台"，事半功倍
3	搭好讪	8	合理配置"投资组合"
4	从"认识"到"熟识"	9	八面玲珑不可取，要做有个性的人
5	人脉是投资不是消费	10	珍惜人品，圈子很小

（2）养成理财的习惯

理财应遵循一个中心、三个基本点的原则：

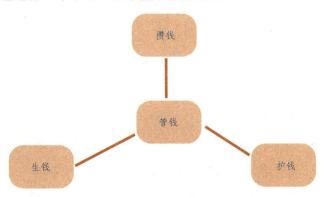

理财的方法有很多，有代表性的是"理财金字塔"（如下图所示）。它是一种理财观点，认为理财应先规划一个稳健的基座，然后逐步增加高收益理财产品。

投机型（期货、收藏、房地产、黄金）	期货 博彩
成长型（股票、基金、外汇）	股票、基金 外汇
收入型（银行理财）	银行理财、债券基金 万能险、投连险稳健账户
稳健型（信托、债券）	国债、地方政府债、 固定收益类理财、信托
保障型（保险、储蓄）	社会保险　　　　银行存款　　　人寿保险 （养老、医疗、住房）（备用金）（养老医疗意外）

小贴士

　　如何进行自己的资财配置才是较合理的？第一份：应急的钱；第二份：保命的钱；第三份：闲钱。

　　什么时候开始理财好？从自立开始就应当养成理财习惯。

本单元推荐阅读书单：

（1）查尔斯·杜希格. 习惯的力量［M］. 北京：中信出版社，2004.

（2）斯蒂芬·盖斯. 微习惯［M］. 南昌：江西人民出版社，2016.

（3）艾森·拉塞尔. 麦肯锡方法［M］. 北京：机械工业出版社，2001.

（4）古川武士. 坚持，一种可以养成的习惯［M］. 北京：北京联合出版公司，2016.

（5）卡尔·纽波特. 深度工作［M］. 南昌：江西人民出版社，2016.

（6）史蒂芬·柯维. 高效能人士的七个习惯［M］. 北京：中国青年出版社，2013.

（7）戴维·艾伦. 搞定［M］. 北京：中信出版社，2010.

第六单元

巧用工具

很多人心怀远大目标，想要成为某一方面专精的高手，却总是不得其门而入。找不到入道之门，只能整天看着高墙悲观消沉下去，心理障碍也越垒越高，直到某天终于化作废墟。其实，我们需要的，只是一种具体可实现的思维方法和一些可操作的工具而已。

让我们一起进入工具的世界吧！

工具集锦（一）

1.搜索引擎

（1）常用的搜索引擎

搜索引擎（Search Engine），是指根据一定的策略从互联网上搜集信息，再对信息进行组织和处理后，将信息展示给用户的系统。

最常用的搜索引擎是百度，它是全球最大的中文搜索引擎和最大的中文网站。

小贴士

目前常见的搜索引擎有很多，如：

（2）在百度中如何进行有效搜索

1	关键字检索
2	使用双引号（""）进行词组检索
3	使用"+"和"—"限制性检索

| 4 | 仅搜索网站的网址 |
| 5 | 仅搜索网站标题 |

2. 微信

（1）什么是微信

微信（WeChat），是腾讯公司于 2011 年 1 月 21 日推出的一个为智能终端提供即时通讯服务的免费应用程序。

（2）微信的功能

微信提供公众平台、朋友圈、消息推送等功能，用户可以通过"摇一摇""搜索号码""附近的人""扫二维码"等方式添加好友和关注公众平台，同时微信也可以将自己发表的内容分享给好友以及将用户看到的精彩内容分享到微信朋友圈。

（3）微信的使用

| 1 | 利用手机号、QQ 号注册微信 |
| 2 | 登录微信 |

| 3 | 添加手机好友或 QQ 好友 |
| 4 | 与好友聊天、关注公众号等 |

3. 微博

（1）什么是微博

微博（Weibo），是微型博客（MicroBlog）的简称，即一句话博客，是一种通过关注机制分享简短实时信息的广播式的社交网络平台。

（2）微博的作用

微博作为一种分享和交流平台，其更注重时效性和随意性。微博能表达出每时每刻的思想和最新动态，而博客则更偏重于梳理自己在一段时间内的所见、所闻、所感，因而诞生出微小说。

小贴士

微博包括新浪微博、腾讯微博、网易微博、搜狐微博等，如没有特别说明，微博就是指新浪微博。

（3）微博的使用

| **1** | 下载新浪微博 APP 并安装 | **3** | 关注感兴趣的微博 |
| **2** | 登录新浪微博 | **4** | 发布自己的微博（文字、图片等） |

4. 百度云

（1）什么是百度云

百度云（Baidu Cloud）是百度推出的一项云存储服务，首次注册即有机会获得 2T 的空间，已覆盖主流 PC 和手机操作系统，包含 Web 版、Windows 版、Mac 版、Android 版、iPhone 版和 Windows Phone 版，用户可以轻松地将自己的文件上传到网盘上，并可跨终端随时、随地查看和分享。

（2）百度云的功能

百度云个人版是百度面向个人用户的云服务，满足用户工作生活各类需求，已上线的产品包括网盘、个人主页、群组功能、通讯录、相册、人脸识别、文章、记事本、短信、手机找回等。

（3）百度云的使用

1	打开百度云盘
2	注册百度云账号
3	登录百度云（新浪微博、QQ、人人网账号通用）
4	单击"网盘"上传自己的文件到网盘中

工具集锦（二）

5. 思维导图

（1）什么是思维导图

思维导图是一种以图像为基础的结构化扩散思考模式，是以树状结构为主，网状脉络为辅的方式，系统化整理咨询、快速学习与思维的工具。

（2）思维导图的功能

思维导图是有效的思维模式，应用于记忆、学习、思考等的思维"地图"，有利于人脑的扩散思维的展开。

（3）思维导图的制作

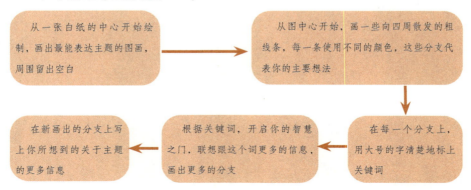

下图就是一张关于思维导图用途的思维导图：

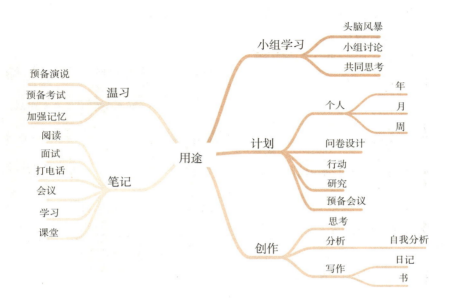

6.九宫格

（1）什么是九宫格

九宫格日记，简称九宫格，是一种新的日记方式：9 个方方正正的小格子，像做填空题那样"对号入座"，填写上相应内容，就完成一篇日记，整个过程不过几分钟。这种被称为"九宫格日记"的新型日记方式，因为便捷省时在网上盛行开来。

（2）九宫格日记的主要功能

九宫格日记主要呈现的内容有：开心的事、为他人做的事、计划／工作／备忘、比起昨天的进步、心情／感悟／灵感、关注／八卦／新闻、健康／饮食／体重、昨日梦境等，九宫格的正中央那格是天气。格子内限写 9 个字，九宫格日记以其简单便捷获得不少网友的青睐。

用九宫格记日记很方便，不同的宫格内，短短的一句话，就可以让你简单快速地总结自己的一天，提高了写日记的效率，而且也能长久保留下来。

（3）九宫格操作方法

1	画出九宫格
2	在九宫格中间写出日期等重要内容
3	发散思维与写出词语的关联内容
4	修改整理内容
5	完成，以九宫格日记为例（图1）

开心的事	为他人做的事	计划/工作/备忘
新书完成三审	当足球俱乐部理事	完善PPT培训课程
比起昨天的进步	九宫日记	心情/感悟/灵感
认真做了一个拼图		每天进步一点点
关注/八卦/新闻	健康/饮食/体重	梦境
羊羔体诗歌	开始减肥一餐一碗	无梦

7. 乔哈里视窗

（1）什么是乔哈里视窗

所谓的乔哈里视窗（Johari Window）是一种关于沟通的技巧和理论，也被称为"自我意识的发现——反馈模型"，中国管理学实务中称之为沟通视窗。这个理论最初是由乔瑟夫（Joseph）和哈里（Harry）在20世纪50年代提出的。视窗理论将人际沟通的信息比作一个窗子，它被分为4个区域：开放区、隐秘区、盲目区、未知区，人的有效沟通就是这4个区域的有机融合。

除了自评、他评了解自己的特质与性格，还可以用DISC、MBTI进行测评哟！

（2）乔哈里视窗的功能

乔哈里模型已成为被广泛使用的管理模型，被用来分析以及训练个人发展的自我意识，增强信息沟通、人际关系、团队发展、组织动力以及组织间关系。

它把人的心理分成 4 个部分，即公开我、背脊我、隐藏我、潜在我。这个理论说明，当我们对说和问不同对待的时候，即说得多或问得多，就会使别人对你产生不同的印象，影响别人对你的信任度。

（3）乔哈里视窗的制作

①乔哈里视窗的结构。

	自己知道	自己不知道
他人知道	开放区	盲目区
他人不知道	隐秘区	未知区

②乔哈里视窗的运用技巧。

在开放区的运用技巧：

开放区大，就是你的信息自己知道，别人也知道。这说明你是善于交往、非常随和的人，容易赢得大家的信任，容易和别人进行合作性的沟通。要想使你的公开区变大，就要多说，多询问，询问别人对你的意见和反馈。

这从另一个侧面告诉我们，多说、多问不仅是一种沟通技巧，同时也能赢得别人的信任。如果想赢得别人的信任，就要多说，同时要多提问，寻求相互的了解和信任。信任是沟通的基础，有了基础，就不难建设高楼大厦。

在盲目区的运用技巧：

　　如果一个人的盲目区大，会是一个什么样的人？是一个不拘小节、夸夸其谈的人。他有很多不足之处，别人看得见，他却看不见。造成盲目区太大的原因就是他说得太多，问得太少，他不去询问别人对他的反馈。所以在沟通中，你不仅要多说而且要多问，避免盲目区过大的情况发生。

在隐秘区（又称隐藏区）的运用技巧：

　　如果一个人的隐秘区大，那么关于他的信息，别人都不知道，只有他一个人知道。这是一个内心封闭的人或者说是个很神秘的人。这样的人，别人对他的信任度是很低的。如果与这样的人沟通，合作的态度就会少一些。因为他很神秘、很封闭，往往会引起我们的防范心理。

　　为什么造成他的隐秘区最大？是因为他问得多，说得少。他不擅长主动告诉别人。

在未知区（又称封闭区）的运用技巧：

　　未知区大，就是关于你的信息，你和别人都不知道。你不问别人对自己是否了解，也不主动向别人介绍自己。封闭使你失去很多机会，能够胜任的工作可能就从身边悄悄溜走了。

　　所以每一个人要尽可能缩小自己的未知区，主动地让别人了解自己，主动地告诉别人自己能够做什么。

8. 个人 SWOT 分析

（1）什么是个人 SWOT 分析

　　SWOT 分析法是管理学上一个常用的企业分析法，它是通过分析企业自身的竞争优势、竞争劣势、机会和威胁，了解企业定位，确定企业发展方向，从企业内部资源、外部资源有机地结合确定发展策略的一种科学的分析方法。对个人来说，可以利用这个工具模型，对自己进行分析，罗列自己的优势、劣势，身边的机遇和威胁，从而对自己当下境况有一个全面、系统和较为精确的研究，再根据研究结果制订相应的发展战略和计划。

除了 SWOT，还可以利用多元智能和学习倾向测试等方式进行了解哟！

（2）个人 SWOT 分析法的功能

在制订年度以上计划或者规划时，尤其需要进行个人 SWOT 分析，并依照矩阵形式排列，然后用系统分析的思想，把各种因素相互匹配起来加以分析，从中得出自己未来一段时间里面如何决策的结论。

（3）个人 SWOT 分析法的使用

①个人 SWOT 分析法的事例。

优势
· 做事比较认真
· 乐观积极
· 有责任心
· 有竞争意识
· 有一定的书面表达能力

劣势
· 性格内向，不善沟通
· 办事不够细腻
· 做事不够果断
· 组织能力欠缺
· 做事拖拉、保守

机会
· 就业前景乐观
· 个人发展平台和机会多
· 身边优秀同学资源丰富
· 专业方向发展前景好

威胁
· 就业机会不多
· 对个人素质要求更高了
· 用人单位对毕业生要求更高了
· 优秀人才很多，竞争大

②个人 SWOT 策略分析事例。

SO 战略： 　在现阶段努力学习，掌握更多的知识，努力提高自己的竞争力，多参加企业的招聘活动，为自己的就业创造更多的机会，积累更多的经验	WO 战略： 　积极参加一些就业的培训和招聘企业的宣讲会，锻炼自己，提高自己的自信心；利用自己乐观积极的工作态度，勇于创新，去尝试更多不同的工作，增加就业机会
ST 战略： 　现阶段多学习专业知识，特别是自己感兴趣的专业知识，为将来可以在此方面发展做准备	WT 战略： 　多参加集体和社交活动，增强与他人的交往和沟通能力，提高自己的自信心，构建良好的人际关系网络

9. 印象笔记

（1）什么是印象笔记

印象笔记（Evernote）是一款多功能笔记类应用软件，它可以方便你随时、随地以文字、声音、视频、照片形式记录生活或工作中的点点滴滴，帮你记住你想到的、看到的和体验到的一切。

小贴士

　　印象笔记的 Logo 是一个大象的标志。按 Evernote 的 CEO——PhilLibin 先生的原话：在美国有一个说法，"An elephant never forgets."（大象永远不会忘记事情）根据这个典故，使用大象的形象作为记忆的标志。

（2）印象笔记的功能

随时记录一切：无论是点滴灵感、待办清单，或是会议记录、项目资料，印象笔记方便随时记录，永久保存内容。

轻松收集资料：收藏网页内容、拍下会议记录、扫描名片信息，用印象笔记打造你的知识库。

高效协作共享：无须跳出应用，即可基于笔记展开讨论，共享工作笔记本，合作完成团队目标。

支持所有设备，随时随地同步：印象笔记的功能十分强大，运用它，你能感受到生活和工作的秩序性与趣味性。

印象笔记周计划是利用印象笔记中的功能对自我工作或生活的规划。它能让我们的工作和生活变得更加有条不紊。下面以简单的九宫格形式展示周计划的制订：

有道是"凡事预则立，不预则废"。对自己做的或将要做的事没有任何准备，就是在为失败做准备。学会制订每一阶段的计划，不仅仅是一个学习习惯的培养问题，也是一个对运筹能力的锻炼过程。

10. 甘特图

（1）什么是甘特图

甘特图包含以下 3 个含义：①以图形或表格的形式显示活动，是一种通用的显示进度的方法；②构造时应包括实际日历和持续时间；③不要将周末和节假日算在进度之内。

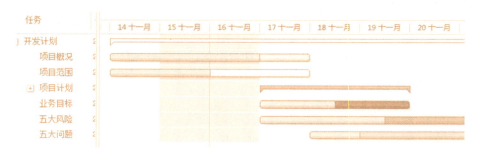

（2）甘特图的作用

项目管理：在现代的项目管理里，甘特图被广泛地应用。它可以让你预测时间、成本、数量及质量上的结果并回到开始，它也能帮助你考虑人力、资源、日期、项目中重复的要素和关键的部分。你还能把 10 张各方面的甘特图集成为一张总图。以甘特图的方式，可以直观地看到任务的进展情况、资源的利用率等。

其他领域：如今甘特图不单单被应用到生产管理领域，随着生产管理的发展、项目管理的扩展，它被应用到了各个领域，如建筑、IT 软件、汽车等。

11.Steps 原则

（1）什么是 Steps 原则

Steps 原则是在职业生涯规划初期必须要了解和掌握的内容，它主要是通过对自己多个方面的审视，一步一步地逐渐清晰职业发展路线和方向。

（2）Steps 原则的功能

在职业生涯规划中，Steps 原则的功能主要在于让自己能更有目标地朝着自己适合的职业生涯方向前进。例如：

①定位【我是谁？】。

职业生涯设计第一步首先要回答"我是谁"，即通过分析自己的性格、能力、爱好，了解自己的长处、短处、所处环境的优势和劣势，甚至于一生中可能会有的机遇和职业生涯中可能受到的威胁。

NO.1 我的优点是什么？

NO.2 我的缺点是什么？

NO.3 我所处的环境有哪些机遇或优势？

NO.4 我所面临的挑战和困难有哪些？

然后，静下心来，排除干扰，按照顺序，独立地仔细思考每一个问题。

②审视自我【去哪里？】。

了解了"我是谁"以后，接下来要回答的问题就是：我要去哪里？也就是说自己的方向和目标在哪里？制订目标很重要，它将决定自己的职业规划成功与否。

不妨试试以下方法：写下 10 条未来几年及一生你认为自己应做的事情，要确切，但不要有限制和顾虑哪些是自己做不到的，给自己头脑充分的空间。往往你会高估了一年能做的事情，而低估了十年能做的事情。

③确立目标【怎么去？】。

在明确"去哪里"以后就有了个人的发展方向和目标，接下来你要做的事情就是如何去实现个人的目标，就是设计职业生涯的各个发展阶段。

可以在头脑中为自己要达到的目标规定一个时间计划表，它将时时提醒自己已经取得了哪些成绩以及自己的进展如何。其次，要考虑阻碍自己达到目标的缺点和所处环境中的劣势。这些缺点一定是和自己的目标有联系的，而不是分析自己所有的缺点。他们可能是自己的人脉、性格、素质、知识、经验、能力、创造力、财力或是行为习惯等方面的不足。其实能分析出自己行为习惯中的缺点并不难，难的是去改变它们，所以一定要学会坚持，懂得行胜于言。

制订个人发展目标时一定要注意 SMART 原则：

S	是指要具体明确，尽可能量化为具体数据
M	是指可测量的，要把目标转化为指标，指标可以按照一定标准进行评价
A	是指可达成的，要根据个人的资源、个人技能和环境配备程度来设计目标，保证目标是可以达成的
R	是指合理的，各项目标之间有关联，相互支持，符合实际
T	是指有完成时间期限，各项目标要订出明确的完成时间或日期

根据 SMART 原则使个人发展目标具体化、可视化、可达成、合理的、有时间要求，这样你就基本明白要"去哪里"了。

工具集锦（三）

生涯常识

12. 网易云课堂

（1）什么是网易云课堂

网易云课堂是网易公司打造的在线实用技能的学习平台。该平台主要为学习者提供海量、优质的课程，用户可以根据自身的学习程度，自主安排学习进度。网易云课堂现课程数量已达 4 100+，课时总数超 50 000 学时，涵盖实用软件、IT 与互联网、外语学习、生活家居、兴趣爱好、职场技能、金融管理、考试认证、中小学、亲子教育等十余大门类。

（2）网易云课堂的功能

保存笔记：网易云课堂笔记功能为视频学习做了专门设计。学习者添加笔记时会自动保存视频的当前时间点，回顾笔记时就可观看当时视频。学习者还可以将视频截图或上传本地图片保存到笔记当中。

进度管理与学习监督：学习者在学习过程中，网易云课堂支持自动 / 手动标记课时完成状态，或标记为"重要 / 有疑问"等，以便用户回顾和把控学习进度。另外，用户可设置课程的学习时间安排，云课堂会定期发送提醒通知用户。

问答：学习者在学习过程中可随时提问，云课堂会将问题呈现给相关学习者或讲师，帮助用户快速获得答案。

13.网易公开课

（1）什么是网易公开课

网易公开课是网易推出的一项"全球名校视频公开课项目"，首批1 200集课程上线，其中有200多集配有中文字幕。用户可以在线免费观看来自哈佛大学等世界级名校的公开课课程，观看可汗学院、TED等教育性组织的精彩视频，其内容涵盖人文、社会、艺术、科学、金融等领域。

（2）网易公开课的功能

网易公开课力求为爱学习的网友创造一个公开的免费课程平台，通过互联网将知识做到开放、平等、协作、分享，让知识无国界化，为广大观看者提供学习的资源。

网易公开课是完全公益性的，同学们可以在网易公开课的网站中选择自己感兴趣的课程进行学习哟！

14.Zaker

（1）什么是 Zaker

Zaker 是一款聚合性社会化阅读软件，支持内容个性化定制和多平台互动分享。Zaker 汇集杂志、报纸、网络新闻、博客、微博等众多权威资讯，更囊括新浪微博、腾讯微博等国内外主流互动社交平台，用户可根据个人意愿个性化定制阅读，还可将 Zaker 作为微博客户端使用。

（2）Zaker 的功能

阅读：分类别的阅读功能，可了解每天的新闻资讯，也可挑选自己喜爱的内容进行阅读。

搜索功能：可根据自己的兴趣爱好选择不同频道的内容进行阅读。

话题功能：选择 Zaker 的话题选项，我们可以关注自己喜欢的话题。

交友沟通功能：在 Zaker 的话题中聚集着有同样兴趣的朋友，大家可以进行评论交流。

15. 麦肯锡 7 步工作法

（1）什么是麦肯锡 7 步工作法

就像是世界上出现锁以后就必然有与之相应的钥匙一样，问题与方法也是共存的。而如何找到最合适、最高效的工作方法，是每一个管理者需要认真对待的问题。我们的工作，其实就是通过不同的手段，达到解决问题、实现目标的过程。麦肯锡 7 步工作法就是其中之一。

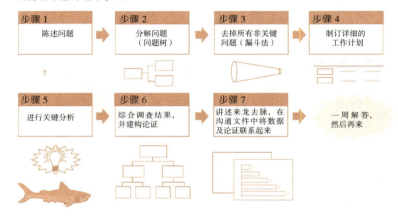

解决问题的七个步骤

| 步骤 1 陈述问题 | 步骤 2 分解问题（问题树） | 步骤 3 去掉所有非关键问题（漏斗法） | 步骤 4 制订详细的工作计划 |

| 步骤 5 进行关键分析 | 步骤 6 综合调查结果，并建构论证 | 步骤 7 讲述来龙去脉，在沟通文件中将数据及论证联系起来 | 一周解答，然后再来 |

（2）麦肯锡 7 步工作法的步骤与要点

麦肯锡式问题解决 7 步骤：

①区分问题设定和解答区域；

②整理并将课题结构化；

③收集信息；

④建立假说；

⑤验证假说；

⑥考虑解决方案；

⑦实施解决方案。

解决问题时必须要注意的要点：

①不要过分局限于现在的状况或制约条件；

②时刻保持思维的逻辑性；

③反复重复"为什么"；

④必须思考"针对谁、做什么和如何做"，即典型的"WHO/WHAT/HOW"模式。

本单元推荐阅读书单：

（1）保罗·弗里嘉.麦肯锡工具［M］.北京：机械工业出版社，2010.

（2）东尼·博赞.思维导图［M］.北京：化学工业出版社，2014.

（3）大岛祥益.麦肯锡工作法［M］.北京：中信出版社，2004.

附录

首届重庆市中等职业学校职业生涯教育教学竞赛一二等奖上课视频

了解行业1 了解行业2 了解行业3 认识职业1 认识职业2

认知专业 深入企业 体验岗位1 体验岗位2 职业兴趣

特质与性格 智能与技能 职业价值观 确立目标 目标管理

学习榜样 行动方案 自我提升1 自我提升2 职场准备1

职场准备2 职场准备3 职场准备4 就业创业1 就业创业2